U0113951

王帆◎著

GREAT
CHANGES

中国外交
战略选择

CHINA'S

DIPLOMATIC

STRATEGIC

CHOICE

大变局

当代世界出版社
THE CONTEMPORARY WORLD PRESS

图书在版编目（CIP）数据

大变局：中国外交战略选择／王帆著. -- 北京：
当代世界出版社，2023.12
ISBN 978-7-5090-1775-3

Ⅰ. ①大… Ⅱ. ①王… Ⅲ. ①外交战略-研究-中国
Ⅳ. ①D820

中国国家版本馆 CIP 数据核字（2023）第 184358 号

书　　　名：大变局：中国外交战略选择
出 品 人：吕　辉
策划编辑：刘娟娟
责任编辑：魏银萍 姜松秀
封面设计：王昕晔
版式设计：韩　雪
出版发行：当代世界出版社
地　　　址：北京市地安门东大街 70-9 号
邮　　　编：100009
邮　　　箱：ddsjchubanshe@163.com
编务电话：(010) 83907528
发行电话：(010) 83908410（传真）
　　　　　　 13601274970
　　　　　　 18611107149
　　　　　　 13521909533
经　　　销：新华书店
印　　　刷：北京新华印刷有限公司
开　　　本：880 毫米×1230 毫米　1/32
印　　　张：6.875
字　　　数：136 千字
版　　　次：2023 年 12 月第 1 版
印　　　次：2023 年 12 月第 1 次
书　　　号：ISBN 978-7-5090-1775-3
定　　　价：79.00 元

目录

第一章

中国特色大国外交：缘起、成就与发展

　　中国特色大国外交是基于自身实力变化和国际形势处于转型期这两大关键性因素而产生的。中国正经历由发展中大国向发展中强国、由边缘向中心、由弱向强、由地区性强国向全球性大国的转变。中国特色大国外交就是以实现中华民族伟大复兴的中国梦、实现"两个一百年"奋斗目标为使命，努力构建和平、发展、合作、共赢的世界，推动地区和国际机制的建设，推动公正均衡的国际秩序的发展与完善。

　　中国特色大国外交是党的十八大以来以习近平同志为核心的党中央制定的具有长期持续性的外交政策集合，其核心是服务于和平与发展的总目标。和平与发展贯穿了中华民族伟大复兴的全过程。

一、中国特色大国外交的缘起

1991 年苏联解体，冷战结束。美国成为世界上独一无二的超级大国，20 多年后，中国实力虽然仍落后于美国，但中国经济增长对世界经济增长的贡献率已经达到三分之一。2016 年中国经济增长对世界经济增长的贡献率达到 33.2%，国际力量格局的转型已经出现了前所未有的变化。

20 世纪 90 年代，中国经济开始腾飞但还不足以产生世界影响。2001 年美国经历恐怖袭击，后发动伊拉克战争付出巨大代价，2008 年又遭遇金融危机，经济再遭重创。中国较好地规避了经济危机，总体实力得到提升。如果说苏联解体后国际社会进入新的转型期，那么 21 世纪以来转型期则有了明显变化，中国实力不断上升，美国实力相对下降。2010 年有了标志性变化，中国经济实力跃居世界第二。

2010 年，中国的经济总量超过日本成为世界第二大经济体，中国已成为具有世界影响的经济大国。中国的发展是一个规模大国的发展，也是一个发展中大国的发展。如何更好地将大国综合实力转化为大国外交能力，成为关乎国运也关乎人类命运的重大问题。

21 世纪以来，中国外交不断开拓进取，中国与其他国家相互依存程度的加深、互利共赢格局的强化把中国与世界更加紧密地联系在一起。中国已经从世界舞台的边缘走向中心，成为世界舞台上具有举足轻重影响的大国，形势的发展变化要求中国对自身外交进行新的思考和探索。

2014 年 11 月 28—29 日，习近平总书记在中央外事工作会议上发表重要讲话，指出中国必须有自己特色的大国外交。中外学者对此反应踊跃，从理念、方式、特点和意义等方面对中国特色大国外交展开了研究，已经形成中国研究的新亮点。

当前，中国特色大国外交正经历由量到质的转变，大国外交逐渐显现。中国特色大国外交的形成与中华民族伟大复兴密切相关，而后者的成败在相当程度上也取决于前者能否有效推进。

二、为什么要提出中国特色大国外交

中国特色大国外交不是凭空而来的，而是基于自身实力变化和国际形势处于转型期这两大关键性因素而产生的。

（一）国际社会期待中国的大国外交发挥积极的建设性作用

在"一超多强"的 20 年间，美国并没有把世界引向更加繁荣，反而因自身权力的滥用陷入困境。美国的错误在于：其一，滥用武力，导致反恐扩大化，从而自陷困境。其二，美式霸权始终没有解决与他国对立的问题。美国试图继续谋求国家利益最大化，导致美国与多国处在对立状态。其三，美国正在丧失活力。在制度性霸权陷入困境、全球影响力相对下降的情况下，美国变得更加自私自利、保守和封闭，在国际体系变革与完善的过程中，专搞排他性小圈子、小团体、富人俱乐部。例如，美国在全球的联盟体系基本上由发达国家组成，七国集团峰会（G7）只限于发达国家；美国东亚战略的实质还是拉帮结派，以阻止他国发展的方式来促进自身发展。总之，美式霸权陷入治理困境，国际社会期待包括中国在内的新兴市场国家发挥积极的建设性作用。

在一些国家贸易保护主义、国家至上论抬头的背景下，2017年1月18日，中国国家主席习近平在瑞士达沃斯世界经济论坛上的讲话，为如何进一步推进经济全球化、促进国际贸易关系以及中国如何发挥更大的引领作用指明了方向，提振了世人的信心。无论是传统欧洲发达国家还是其他新兴市场国家都一致看好中国发挥的建设性作用，期待中国发挥更大的带动作用，帮助世界经济尽快走出2008年以来的经济危机困境。

（二）新的形势和任务要求中国外交进行相应的调整

当前，国际格局仍处于深刻的转型之中，处在新的历史发展阶段的中国要认清形势、把握机遇、迎头而上，完成神圣的历史使命，推进历史进程，完善现有的国际体系。如何提升中国国际地位、创造性运用国际影响力，成为国际体系变革的关键，也成为中国特色大国外交的重要突破口。

新形势下的中国外交面临一系列前所未有的复杂问题，包括全球经济复苏问题、能源问题、金融问题、全球治理困境、气候变化、生态安全等。另外在互联网安全、大数据等新技术领域，也面临新的机遇与挑战。

当今世界，全球化不断深入并朝更高水平发展，而全球化带来的各种问题也日益凸显。世界从未像今天这样成为一个紧密联系的整体。同时，中国在全球经济体系中实现了经济腾飞，与世界各地建立了广泛的联系，并一跃成为世界第二大经济体，但在快速发展中也伴随着一些问题的出现。中国和其他新兴市场国家的集体崛起深刻地影响了世界政治格局，国际秩序进入了加速重组时期。国际国内的一系列新形势、新问题、新挑战要求中国外交作出相应的调整，以更好地服务于中国改革发展的大局。中国外交正变得更加积极、更加主动。与西方国家的霸权主义或强权外交截然不同，中国特色大国外交是在明辨国内外形势之后，结合自身和相关国家利益，深刻认识问题的复杂性和联动性，在新的原则和理念上建立起来的大国外交战略。

中国的复兴必然不同于传统大国。作为一个大国，中国的发展必须具有其自身特色。大国的历史、现实和人文禀赋决定了每一个大国都是与众不同的，每一个大国都有其自身特点，每一个大国都要走符合自身特点的发展道路。同样地，历史传承与历史遭遇、民族使命、文化禀赋、国内与国际环境客观上也要求中国特色大国外交必须具有鲜明的中国特色。

（三）中国特色大国外交旨在应对国际社会的多重问题与挑战

中国特色大国外交是针对国际社会存在的多重问题和挑战而提出的，同时也是为中国特色发展道路而量身定做的。

首先，严峻的国际形势倒逼中国发挥稳定作用。当前国际社会中多重危机与风险交织叠加，地区动荡与战乱呈现出增长之势，新的国际安全秩序、国际格局受到严重冲击。在 2008 年金融危机后，仅 2010 年就有 55 起危机出现。2015 年随着中东乱局的演变，数百万难民涌入欧洲。核扩散问题、网络安全问题、金融风险、气候变化等问题层出不穷。

国际政治大量传统与非传统的问题还没有找到好办法，过去的理论与机制出现问题，全球治理陷入困境，期待新理念和新方法，这给中国特色大国外交提供了契机和平台。

其次，中国实力提升、海外利益拓展要求中国的大国外交有更大更广的视野和覆盖。中国提出了一系列新理论，也发挥了积极的建设性作用。中国的作用具有不可替代性。中国在国际体系中地位和作用的变化也要求中国对外战略的变化。

国际大变局和周边变局就是美国因素对中国和平与发展提出的一定程度的现实挑战。中国如何扭转这一不利变局，也是中国特色大国外交的关键。

虽然国际形势出现了诸多复杂变化，充满了不确定性，但中国特色大国外交的和平性和发展性没有变，中国特色大国外交的目的就是继续全力维护这个主题。

诚然，中国的作用和影响仍是有限的、阶段性的，但也是不断扩大的。这种扩大保持在良性、合适、合理、合法的范围内。虽然中国对于他国冲突或大国争端还无法发挥决定性的影响，但中国在国际体系层面正发挥着越来越大的建设性作用。

（四）中国特色大国外交正在通过不断创新的新理念、新布局、新构想，推动国际秩序向着更加公正合理的方向发展

破解传统大国发展瓶颈和大国兴衰周期律的关键之一，就是牢牢把握"共同性"这个核心，解决好自我与他者的关系问题。人类命运共同体理念的提出和推进，就是中国共产党人承载人类历史使命为人类未来发展提出的宏大命题和伟大目标。人类命运共同体关注的是各国如何在解决自身发展问题的同时，解决人类面临的共同挑战，致力于实现人类利益与国家利益的有机协调和相互促进。而人类利益与国家利益如何更好地协调在一起，是历史上大国没有解决好的问题。中国不同于历史上的传统大国，后者以损害别国利益来谋取自身利益的做法，已被证明是行不通的。推动构建新型国际关系的法宝是互利共赢而不是相互损害。

在推动构建人类命运共同体这一中国特色大国外交的宏大目标指引下，中国提出了一系列维护海外利益和推动世界繁荣的新理念新思路。党的十八大以来，中国围绕着和平与发展这一时代

主题，提出了新型发展观、合作观、安全观、义利观、秩序观、治理观、文化观等，丰富和发展了中国外交思想的内涵，也为国际社会贡献了具有东方文化智慧的大国思想。而在实践层面，中国外交更是不断创新、努力探索。人类命运共同体理念、"一带一路"倡议、全球发展倡议、全球安全倡议、全球文明倡议等都是中国特色大国外交放眼人类、着力于世界整体发展的大手笔、大战略。二十国集团（G20）机制与金砖机制平台、亚太经合组织（APEC）机制也是中国正在努力推动的世界范围内的合作平台。

中国始终致力于推动以互利共赢为核心的新型国际关系。党的十八大以来，中国积极推动全球治理体系和国际体系的完善和变革，观念具有引导性，主动进取精神获得了国际社会的支持和理解。最为重要的是，中国在所有涉及国际体系的主张中都强调开放性，这就与美国的排他性构想形成了鲜明的对比。中国不仅主张开放、非排他，在实践方面也在积极践行大国责任。中国国家安全战略中没有国别威胁指向，强调协力应对传统安全和非传统安全威胁。这在民族国家诞生以来的国际关系史中具有开创性。中国国际影响力的显著提升不是单纯在于国内生产总值的跃升，也不是仅仅源于实力的壮大，而是更加指向推动和倡导新理念新思想，推动国际体系、国际秩序朝着更加公正合理的方向发展。

三、什么是中国特色大国外交

（一）基本内涵

根据王毅外长的阐述，有中国特色的大国外交之路可以说由一个中心、两个基本点构成。一个中心是指要紧紧围绕国家发展这个中心，为全面建成小康社会营造良好的外部环境。[1] 两个基本点：一是维护中国在世界上不断延伸的正当权益，二是互利共赢、共同发展。

第一，中国特色大国外交是面向全球的外交，以国际化促进国内新一轮改革开放，同时帮助别国推动开放和国际化。近代以来，中国多集中思考如何以弱抗强。改革开放以来，中国需要考虑如何建立自己的强国战略，这不仅需要战略眼光，同时也需要能力建设上的充分准备。要有强强合作的意愿，也要有强强对话的信心。21 世纪的全方位外交要求中国从全球视野看待问题，强化战略性构想。大格局、大视野、大布局是中国特色大国外交的一大特点。历史使命感和纵深感驱动的中国外交正在形成新的全球世界观，体现了中国对国际政治、全球事务新角色的重新认识和新的世界意识的出现。全球视野、全球布局充分体现出习近平

---

[1]　王毅：《探索中国特色大国外交之路》，载《人民论坛》，2013 年第 8 期（上），第 8 页。

外交思想的风格和气魄。

第二，中国特色大国外交是基于中国作为大国而展开的外交，而不是针对大国的外交。中国特色大国外交是以大国的责任和担当对人类社会作出更大贡献，而不是与世界上其他大国争夺主导权和霸权。中国特色大国外交的目标不是谋霸和称霸，而是谋求联合自强与合作，即不仅是谋求自身的壮大与发展，同时也要推动人类社会的繁荣与发展。

第三，中国的大国外交正在改变原有的以双边为主的外交模式，而更加注重多边，更加重视区域和全球范围的事务，同时也更加重视综合和整体的考量，包括经济与政治的结合、政治与安全的结合。即使是安全本身，也更强调综合安全的理念。

第四，中国的国际地位的提升和国际身份的转变，要求中国具有责任意识和担当能力。"从时空角度来说，中国特色大国外交的特点，在纵向上基于中国在国际体系中地位的变化，在外交上表现为从只集中于国内的'发展外交'转变为承担更多国际责任；在横向上基于中国在'发展中国家''社会主义国家''东方文明国家'的三重身份下，走出一条不同于西方的大国外交之路。"[1]

---

〔1〕 刘雪莲、李晓霞：《中国特色大国外交及其在东亚地区的推进特点》，载《东北亚论坛》，2015 年第 6 期，第 109 页。

（二）实现前提

如何更好地实现中国特色大国外交，有三个基本前提：第一，看是否有别于其他所有上升大国；第二，是否能够优于其他历史上的大国；第三，是否从理念到举措都能够得到落实。后一点也是十分重要的，要知道美国在走向世界舞台的时候，也强调反对殖民主义和势力范围，反对秘密外交，但在落实时只是改变了控制他国的方式和手段，其霸权实质没有改变。而且，有了一些新的以权力政治为核心的霸权方式，比如均势战略、联盟战略等，同时变相地划分了势力范围和利益集团。北约以及遍布全球的联盟体系就是美国的势力范围。美国的国家驱动是基于敌手关系来形成的，美国虽然强调非殖民化，但却掌握了金融、贸易和规则霸权。

而中国的大国发展道路，既不可能模仿其他历史上的大国，也不可能复制美国的道路，只能走一条既适合本国国情和文化传统，又符合当今时代和国际社会期望的大国之路。

在过去的国际关系演变中，促进自身发展、延缓别人发展是一个基本的竞争法则，也是战略法则，历史上概莫能外。中国特色大国外交之路将谋求和积极倡导新的天下观，坚持公平正义、互利共赢的原则，这是以往大国崛起中不曾有过的。

中国要超越"修昔底德陷阱"，正通过中国智慧不断化解敌我意识和敌手关系，以最大的决心和意志努力实现双赢或多赢的国家间关系格局。

中国特色的大国外交要超越历史上大国崛起之路，就要有超越历史大国和其他当今大国的境界，要看得更高更远，也要看得清、看得准，把握正确方向，强调一起应对共同威胁而非所谓的国别威胁。

中国要走一条独特的道路，就要有独特的化解能力、协调能力，要有领先的观念。这对于中国特色大国外交提出了更高的要求。

四、中国特色大国外交 "特" 在何处

研究和分析中国特色大国外交，首先是强调其文化底蕴。中国特色大国外交根植于中国传统文化土壤，在马克思列宁主义和中国特色社会主义理论体系的指导下，基于自身外交实践和探索，不断创新，具有独特性和现实操作性，同时赢得国际社会的日益理解、认可和响应。

其次是大国特色突出。中国坚持发展中国家定位，积极承担大国责任。这个大国特色强调大国视野、整体布局、创新驱动，做好具有全球影响的战略规划与布局，其核心是开辟一条新型大国的创新发展道路。

再次是突出理念创新。突出和平性，强调发展性，由此探索中国特色和平理论的构建问题。注重弘扬中国传统文化中的公平正义、和合、多元文化共存的传统理念。谋划整体性、认清复杂

性，解决好当今世界在观念差异、制度差异、文明差异条件下的合作问题，力求创建以共赢为核心的中国特色合作理论。

（一）中国特色大国外交要更具主动性

随着中华民族迎来从站起来、富起来到强起来的伟大飞跃，中国外交也从追求独立性、自主性向着主动性方向转变。

新中国大国外交经历了具有明显阶段性的转变。首先是摆脱依附性，其次是保持独立性，再次是具有主动性。改革开放之前，中国完成了真正独立的进程，捍卫了国家尊严和主权，部分地发挥了主动性的作用。改革开放之后，中国开始积极发挥主动性和创造性，未来还将在一些领域发挥引领作用，并在更多领域影响全球。中国不仅成为具有地区影响力的大国，还能够对国际格局和国际秩序产生重要影响，实现中国之中国、亚洲之中国、世界之中国的转变。

一个大国一定是能够主动改变和提升自己实力的国家。对大国而言，必须牢牢将命运掌握在自己手中。在大国发展史上，没有一个国家是一路坦途、顺顺当当成长起来的。大国的发展不可能依赖他国的施舍或毫无条件的帮助，只能依赖自身的努力。显然，一个大国的成长从来都不是轻而易举的，而是处处面临困境。尤其是一个大国从贫穷的国家发展为具有举足轻重影响的世界级国家，更需要百折不挠、不畏艰险、一往无前。

当然，主动性是强调自力更生，绝不是任意妄为。中国的大国外交与历史上其他大国的最大不同之处在于，我们强调独立性、主动性，但坚决反对以大欺小、恃强凌弱、自行其是、为所欲为。我们的自主性和独立性是相对于封闭性和盲从性而言，我们的主动性是相对于被动性而言。中国的大国外交坚决反对优越论和例外论，反对双重标准，反对霸权行径。

中国的发展要想实现由独立性、自主性阶段朝着引领性和全球性阶段的超越，必须发挥自身能动性，积极奋发作为。中国实现由自主性向主动性的转变是中国特色大国外交能否成功的关键，也是中国是否能够区别于历史上其他大国的关键。

（二）中国特色大国外交要更具影响力

随着中国特色社会主义进入新时代，中国由发展中大国变成发展中强国的时期已经到来。最为重要的意义在于，中国要利用战略机遇期实现自身的更大发展，同时也要推动人类社会的整体发展。其中的外交含义在于，中国已经具有较大的国际影响力，中国将不仅对自身作出贡献，也将对人类发展作出更大贡献。新中国成立初期，毛泽东就曾指出，因为中国是一个具有960万平方公里土地和6亿人口的国家，中国应当对人类有较大的贡献。邓小平指出，中国再强大一些，世界和平更有保障一些，强调中国是和平的力量。在新的时期，中国是人类和平和世界经济的建设性力量，也是发展的力量。中国更强大一些，人类的公平公正、安全稳定、世界繁荣必将更有保障。

发挥影响力必须实现自身更大发展，提升自身能力。发展是首要问题。这个发展不再是粗放式发展，而是以质量为先的发展。在新时期，我们不仅要继续维护好和平，更要努力实现更高阶段的发展目标。

要想作出更大贡献，提升国际影响力是新时代外交的重要任务。中国将不断强化针对人类社会发展的议题设置能力，提出国际热点的解决方案，让全球治理的中国智慧和中国方案不断丰富完善并更具针对性。

发挥影响力必须要直面国际社会的担心与质疑，直面影响国际关系的根本性问题。这意味着需要努力实现党的十九大报告确定的中国外交总目标——"两个构建"，即构建新型国际关系、构建人类命运共同体。构建新型国际关系是一项艰巨的任务，构建人类命运共同体是一项伟大的工程，更是一项需要久久为功的历史使命。

当前国际社会面临的主要问题，从根本上说，是国家发展的不平衡和资源分配的不均衡。国际地位的不合理布局、国际秩序的不公正是导致全球治理成效不断递减的根本原因。说到底，如何更加公正合理地解决自我与他者之间的关系，是人类社会面临的一个根本性问题。如果一个国家总是过分强调自身利益，以不适当的方式获取自身利益，甚至以牺牲他国利益来获取自身更大利益，那么这个国家与其他国家的关系就很难融洽。

构建新型国际关系，就是要改变不合理、不恰当的国家关系，改变部分国家富裕其他国家贫穷、部分国家安全其他国家不安全的局面，实现共同富裕、普遍安全，让国家间关系变得健康友好、互助共赢。

（三）中国特色大国外交要更具开创性

中国的大国外交具有鲜明的开创性观念、路径和成效。中国的大国外交将在理念创新和方式创新上进行前所未有的探索。

中国的发展依赖创新驱动，勇于探索，引领时代发展前沿领域，具有强大的生命力。"一带一路"倡议、人类命运共同体理念等都是创新的体现。

未来中国特色大国外交除了具有和平性、合作性之外，还要具有先进性。先进性的关键在于是否引领时代潮流和顺应时代潮流，是否处于国际前沿领域。而是否具有引领性的关键在于方案是否切实可行，观念是否能够有效指导实践，是否能够赢得人心和国际社会的理解、支持、响应。"一带一路"倡导互联互通。这个"联"不仅是联结国内与国外，也是帮助共建"一带一路"国家之间实现联合协作，强调以联塑势，塑造发展联合之势。联结两条线，带动一大片。既讲联与通，又讲共与享，从而实现共商、共建、共享、共赢。这就与历史上一些国家的阻遏与分割形成了根本区别。

中国特色外交理论和中国的外交实践也在努力探索破解权力政治、安全困境和大国关系陷阱的新方式、新路径。在观念上，我们反对权力政治的利己性，倡导互利共赢。在制度创新层面，我们强调人类命运共同体，试图超越国家利益至上、局部利益至上、集团利益至上、区域利益至上等传统政治观。传统的权力政治观把国家利益和他国利益、人类利益割裂开来，导致有些国家越强，其他国家越弱；有些国家越发展，其他国家越落后；有些国家越安全，其他国家越不安全。只有打造国家利益和人类利益的一致性和共同性才能破解这些问题。这就是人类命运共同体的核心要义。未来的全球化既不是美国化，也不是中国化，而是更有利于全人类的全球化。

在新型大国道路的探索过程中，中国没有现成的经验可以借鉴，必须探索新路。过去几百年来，英国靠势力范围、殖民地成就大国，美国靠联盟体系成为霸主，苏联的发展模式也陷入失败。中国只能走自己的道路。应该说，从 20 世纪 50 年代起，中国就已经开始自我道路的探索，1978 年中国更是在经济改革方面迈出崭新的步伐。这是科学社会主义实践中从未有过的新的征途。改革开放为中国人民交出了一份满意的答案。中国还将在未来积极参与全球治理，也希望为世界人民交出一份满意的答案。所有这一切只能通过寻求创新变革之路来实现。而这一切都是具有开创性的、前所未有的尝试，是历史上任何一个大国都未曾经历的新路。我们将坚定不移地沿着这条新路走下去。人类的发展是一个相互学习、群策群力的过程。我们绝不强制他国照搬中国模式，也愿意无保留地分享中国的改革经验。当然在未来，中国仍然需要探讨和借鉴他国的成功实践。

（四）中国特色大国外交要更具责任感

自 2008 年金融危机以来，由于西方传统发达国家普遍陷入经济困境，多边贸易体制发展面临瓶颈，区域贸易安排困难丛生，导致规则碎片化，传统的七国集团"富人俱乐部"已经难以应对全球性的经济困境。全球治理的重要机制越来越依赖二十国集团。随着国际社会的转型，全球化出现困境，一些国家出现了经济增长乏力、合作动力不足的双重困境，民粹主义、保护主义抬头，经济全球化遭遇逆势回流。世界经济低迷不振，欧盟等区域合作出现变数，"黑天鹅"和"灰犀牛"现象频发，给世界带来了很大的不确定性和不稳定性，引起国际社会普遍担忧。西方根植于大国优先、权力优势、恃强凌弱的丛林法则而衍生的殖民主义、帝国主义、势力范围、集团政治的做法越来越暴露出其不公正性、不合理性和不合法性。这些做法是贫富分化、国际社会发展不均衡的根本原因，也是最终导致西方传统国家集体陷入困境的深层原因。

针对国际社会的治理赤字、信任赤字、和平赤字、发展赤字的顽疾，针对世界经济低迷不振、复苏艰难，针对国际局势动荡不安、纷争不断，中国发出了引领全球化方向的时代强音。习近平主席提出了推动世界经济增长和全球化再平衡的中国方案，呼吁联手打造富有活力的增长模式、开放共赢的合作模式、公正合理的治理模式、平衡普惠的发展模式。[1]

在瑞士达沃斯世界经济论坛上、在亚太经合组织利马会议上，习近平主席直面逆全球化、保护主义、区域合作碎片化等重大问题，用"平等、开放、合作、共享"八个字，为完善世界经济治理指明方向，发出经济全球化进程向更加包容普惠的方向发展的时代强音。通过二十国集团杭州峰会，中国开出一剂标本兼治、综合施策的药方，以推动世界经济走上强劲、可持续、平衡、包容增长之路。

中国倡导的全球治理方案力图打破阻碍国际社会发展的不利因素，以不同的思路和东方智慧试图开辟一条解决国际问题的新道路。"一带一路"倡议就是这一探索的体现，在"一带一路"框架下深化互利共赢格局，为全球经济治理提供新思路、新方案。

通过"一带一路"倡议推进经济全球化和全球治理，积极参与一系列多边合作，中国将努力倡导公平正义的发展理念和国际秩序观，推动国际秩序健康公正地发展，促进国与国之间、地区与地区之间的互利共赢，推动一大批发展中国家实现公平均衡发展，实现联合自强。中国将致力于维护国际安全，在国际热点问题、反核扩散、气候变化、反恐、国际流行疾病防治、减贫脱贫

---

〔1〕《习近平主席在世界经济论坛 2017 年年会开幕式上的主旨演讲（全文）》，http://www.xinhuanet.com/politics/2017-01/18/c_1120331545.htm。

等国际领域勇于承担责任，共同提供公共产品，促进人类社会的均衡发展、普遍受益。

总之，作为一个发展中大国，中国将努力承担全球治理的责任，推动全球化的公平健康发展，努力构建新型国际关系，发挥好大国协调的作用，促进国际秩序的合理有效运行，发挥中国独特的建设性作用。中国将努力推动发展中国家共同致富、共同繁荣，联合所有爱好和平的国家和民族共同推动构建人类命运共同体。诚然，中国既要承担责任，发挥好一个大国的作用，不断释放正能量，同时也要避免落入责任陷阱，落入力有不逮的困境。

（五）中国特色大国外交要更具全局观

中国外交的视野将更为广阔，立意将更为深远。未来的中国外交将更注重系统整体的设计，不囿于个别局部问题制定国家政策，而是将热点问题、国与国之间的纠纷置于一个更大的和平发展的布局和框架之下。换句话说，我们不是针对局部热点问题来驱动国家外交政策的发展，而是通过更加面向全球、面向人类发展重大问题，通过全方位、多层次、立体化的整体外交布局，以长远和机制化的方式来推动世界和平，以标本兼治的方式来缓解和解决局部争端。不仅从与自身相关的利益看待国际关系，也从与国际社会多数国家相关的利益来看待和处理国际关系。

"世界好，中国才能好；中国好，世界才更好。"中国与国际社会共存共荣的紧密关系将会进一步拓展。中国将在推动人类社会更加公正均衡发展、国与国互利共赢的进程中实现新时代的飞跃。中国将在全球治理等世界性难题中发挥更大作用，向世界提供更多中国智慧和中国方案。

（六）中国特色大国外交要更具斗争精神

党的二十大报告中提出"务必敢于斗争、善于斗争"，强调斗争的重要性。面对百年未有之大变局，中国特色大国外交也要继续加强斗争精神，增强斗争本领、注重斗争艺术，继续顺大势、担大义、行正道。加强斗争精神意味着维护国家利益和民族尊严的底线思维，坚决同一切危害国家主权和领土完整的意图、行动作斗争，通过多种方式阐明中国立场，有力维护国家利益和促进国际公平正义。加强斗争精神也意味着不畏强权的坚定意志，对于个别国家的挑衅、遏制、封锁、极限施压，中国要"旗帜鲜明反对一切霸权主义和强权政治，毫不动摇反对任何单边主义、保护主义、霸凌行径"[1]。加强斗争精神还意味着除旧立新、正本清源的非凡勇气，摒除过时的思维路径和叙事方式，积极推动构建人类命运共同体，对全世界大多数国家构建更加公平合理国际秩序的期待作出回应，体现大国担当和作为。

需要注意的是，强调"斗争精神"并不是寻求冲突与对抗，

---

〔1〕 习近平:《高举中国特色社会主义伟大旗帜 为全面建设社会主义现代化国家而团结奋斗》,载《人民日报》,2022 年 10 月 26 日,第 1 版。

而是反对霸权、霸凌和制造冲突与对抗，反对过时的冷战思维、单边主义行径。强调"斗争精神"是维护自身利益、促进国际公平正义和实现全人类共同价值的必要形式，是基于底线思维和战略思维不断完善外交总体布局、完善全球治理、践行真正的多边主义、为世界和平和全球发展作出积极贡献的正当选择。

五、中国特色大国外交实践的新发展

中国坚决反对传统大国凌驾于其他国家之上的殖民主义和势力范围争夺，强调不结盟，不照搬西方传统国家发展模式。那么，该如何实现这种转变？如何被他国接受？中国实力转变后的目标是什么？需要解决什么问题？

中国要解决自身可持续发展的问题，带动国际社会更加公正合理的发展。实现观念差异下的多元互补，打造人类命运共同体，包容各种不同的差异。处理好差异与合作的协调关系，解决内外不平衡问题，改变单一型对外依赖。立足于自身，使向内而生与向外拓展相结合，内部与外部共同发展。

中国正在实施的是强有力的综合战略，安全上构建伙伴关系网，军事上建设国防现代化，经济上推动亚洲基础设施投资银行发展壮大和人民币国际化，"一带一路"倡议起于经济但又将三者相结合。

中国发挥影响力有两个关键要点：一是大国关系。联合弱小国家，目的是影响大国而不是抗衡大国。二是国际平台。利用已

有平台，搭建新的平台。

中国特色大国外交实践的主线就是为了实现中华民族的伟大复兴，核心理念就是合作共赢。为了实现中华民族伟大复兴的目标，外交战略尤其需要全球布局和谋划，形成中国的大棋局。对外仍是增强核心竞争力，扩大国际影响力，开拓国际市场，提升国际地位，在全球治理中发挥更大作用、作出更多贡献。这就需要加快将资源转化为解决问题能力的进程，需要加快培育能够在国际机制中工作的人才，需要发挥中国作为一个大国的引领性和创造力，需要扩大发展合作空间，需要有一定的保障能力。

从对外战略来看，由起步阶段以学习借鉴引进为主的改革开放走向壮大自己提升国际地位的新阶段。这个阶段的关键是由学习向交流、由借鉴向创新发展、由独立自主向联合自强转变。

在全球治理中，既要解决自身可持续发展的问题，又要推动国际社会朝着更加公正合理的方向发展，实现观念差异下的多元互补。

中国特色大国外交在国际社会中有三大任务：第一，要带动发展中国家共同发展。发展中国家与中国在面向市场和所处发展阶段上有相似性，更适于彼此合作发展。中国经历了面向发达国家的第一轮开放，现在应更加向发展中国家开放，这一轮开放不像第一轮是"请进来"，更多是"走出去"。第三轮需要实现"走出去"与"请进来"的平衡发展，实现发展中国家与发达国家相互促进，由不对称地"请进来"到对称性内引外联。

第二，政治安全上需要扩大影响力。这个影响力必须是正面的、和平的、合作共赢的，以推动国际社会发展更加均衡、公正与合理。国际上对于公平发展的期望也驱动着中国发挥带头作用。中华民族的伟大复兴在国际上的体现之一就是公平发展。国际秩序向着更加合理均衡的方向发展需要有一大批发展中国家的发展才能推动。

第三，要协调好同发展中国家与发达国家的关系。协调好、稳定好大国关系的同时，又要发展好与发展中国家的关系，缺一不可，注重综合平衡。中国实力进一步壮大尤其需要处理好与传统大国的关系。

第二章

中国复兴：独特的大国之路

关于中国复兴的讨论自冷战后即开始兴起，一直到 21 世纪的今天仍是一个热门话题。尤其是在美国出现衰落迹象，而中国将强未强的时期，这一讨论更是引人关注。本章集中讨论的问题是：中国复兴的含义究竟是什么？中国复兴的进程会怎样展开？本章力图纠正已有的一些思维定式，同时也强调中美在所谓崛起与衰落的过程中并没有对应关系，并试图基于群体性、制度性、合作性这三个方面分析中国复兴的特色路径。

一、中国复兴的含义

在国际经济和国际政治领域，关于美国是否衰落存在诸多争议，但关于中国复兴似乎已经形成共识，而对于中国复兴的意义和影响却又是众说纷纭。

那么，什么是中国复兴？中国复兴意味着什么？中国复兴的标志是什么？答案各不相同，显然对于中国复兴存在着不同认识甚至是针锋相对的观点。一些美国学者按照权力学说的逻辑指出，经济总量已经是世界第二的中国，如果还不算崛起，什么样的标准才算是崛起？只有完全超越美国、成为世界第一才是崛起吗？以前中国的目标是屹立于世界民族之林，而这个目标已经实现了，新的目标究竟是什么？[1]

国际社会对于中国复兴含义的认识呈多元化态势，但有一点是肯定的，即认为中国变量将对未来的国际社会产生重大影响，同时也认为中国复兴具有一定的不确定性，包括中国复兴的方式、路径及影响都存在多种可能性。

国际社会对于中国复兴的评介可简单分为乐观派与悲观派两种。悲观派的看法认为，中国的崛起必然带来大国现有格局和国际秩序的颠覆性改变，中国复兴的过程将会与现有主导国家形成零和博弈，进而引发不可避免的冲突甚至战争。中美之间是零和的，中国复兴意味着美国领导力的削弱。[2] 这一派观点以美国进攻性现实主义代表人物约翰·米尔斯海默和防御性现实主义代表人物斯蒂芬·沃尔特等为代表。米尔斯海默认为，中国崛起后

---

〔1〕 2016年6月19日,美国学者杰罗尔德·格林(Jerrold Green)在中国人民大学国际发展研究院中美公共外交论坛上的发言。

〔2〕 Richard J. Bernstein and Ross Munro, "China I: The Coming Conflict with America", *Foreign Affairs*, Vol. 76, No. 2, 1997, pp. 18–32.

会在地区建立霸权，同时确保在该区域内没有竞争性大国。[1]
沃尔特认为，面对中国的强势崛起，美国应当重新注重以权力政
治应对权力政治的道路。[2] 柯庆生强调，中国复兴意味着美国
影响力的抵消，中国外交是"战略性和平进攻"。[3] "权力转移
理论"代表人物奥甘斯基和库格勒等人均认为，从历史上看，大
国崛起常常伴随着与守成大国之间基于权力竞争的摩擦。[4]

　　还有一些相对中立的看法认为，中国经济发展速度之快超乎
想象，而且是以非西方的发展模式发展起来，这增加了国际社会
的不适应感和担忧。[5] 中国的崛起打破了欧美在世界经济中的
特权和在国际政治中的主导地位，冲淡了欧美成熟社会模式的示
范效果……简言之，欧美社会模式面临着生存危机，与中国的崛

---

　　[1]　John Mearsheimer, "China's Unpeaceful Rise", *Current History*, April 2006,
p. 105.

　　[2]　Stephen M. Walt, "The Bad Old Days Are Back", http://foreignpolicy. com/
2014/05/02/the-bad-old-days-are-back/.

　　[3]　Thomas J. Christensen, "Fostering Stability or Creating a Monster? The Rise of
China and U. S. Policy Toward East Asia", *International Security*, Vol. 31, No. 1, 2006,
pp. 81-126; Thomas J. Christensen, "Posing Problems Without Catching Up: China's Rise and
Challenges for U. S. Security Policy", *International Security*, Vol. 25, No. 4, 2001, pp. 5-40.

　　[4]　A. F. K. Organski, *World Politics*, New York: Alfred A. Knopf, 1968, pp. 163-185;
A. F. K. Organski and Jacek Kugler, *The War Ledger*, Chicago: University of Chicago Press,
1980, pp. 58-59.

　　[5]　Zhang Xiaoming and Barry Buzan, "Correspondence Debating China's Peaceful
Rise", *The Chinese Journal of International Politics*, Vol. 3, No. 4, 2010, pp. 447-460; Thomas
Fingar, "China's Rise: Contingency, Constraints and Concerns", *Survival*, Vol. 54, No. 1,
2012, pp. 195-204; Barry Buzan, "China in International Society: Is 'Peaceful Rise'
Possible?" *The Chinese Journal of International Politics*, Vol. 3, No. 1, 2010, pp. 5-36.

起形成了鲜明的对比，中国复兴将带来新的发展模式之争。[1]但这一派观点并没有认定中国模式是以取代西方模式为目的的。

乐观主义者认为，由于相互依存和制度性约束，也由于中国力量和目标的有限性，领土争端引发战争的可能性越来越小。中国的崛起将保持足够的理性，中国正以积极的姿态参与国际事务，承担大国责任，其崛起不是零和博弈。约瑟夫·斯蒂格利茨表示，在全球治理方面，中国复兴给世界带来了正能量，而不是零和博弈。他还表示，人民币国际化有助于全球金融稳定和经济复苏。[2] 杰弗里·萨克斯指出，世界经济正进入可持续发展时期，在推动实现新的可持续发展目标中，中国将起引领作用。全球经济要摆脱危机导致的困境，无论美国、中国还是欧洲都需要新的合作增长模式，才能实现安全增长，而亚洲基础设施投资银行在可持续发展融资方面将是一个完美的示范。[3]

尽管以上分析各不相同，中国自身对于中国复兴的表述是明确而清楚的，也即实现中国梦。中国梦的基本内涵是实现国家富

〔1〕 皮埃尔·德福安：《对中国复兴的思考》，载《当代世界》，2014 年第 11 期，第51—53 页。

〔2〕 罗来军：《中国复兴释放发展正能量》，载《人民日报》，2015 年 3 月 25 日，第 5版。

〔3〕 Jeffrey Sachs, "Global Cooperation Is the Only Way Forward for the US", https：//www. weforum. org/agenda/2017/01/jeffrey-sachs-global-cooperation-is-the-only-way-forward-for-the-us.

强、民族振兴、人民幸福，[1] 也就是实现"两个一百年"的奋斗目标，即：中国共产党成立一百年时全面建成小康社会，新中国成立一百年时建成富强民主文明和谐美丽的社会主义现代化强国。可见，中国复兴是一场伟大的历史征程。诚如学者程亚文所言，中国复兴是指"经济上的快速发展，以及与之相适应的国家实力的全面提升、社会制度系统的迅速变迁以及精神状态上内部活力的增强；其次是指中国在参与世界政治的过程中，经济、政治、军事以及文化上对外影响的不断扩大"[2]。学者华民认为应"把这样一种发生在中国最近 200 年历史中由强到弱、再由弱逐步转强的历史性变化称为中华民族的伟大复兴"[3]。

显然，中国复兴只是成为世界强国之林中的一员，成为对世界和平与发展作出积极贡献的国家之一。中国复兴的含义不是取代现有霸权，而是自我发展与自我壮大。在未来相当长的时间内，中国复兴对内体现为国富民强，对外则体现为国际地位和国际影响力提升到与自身责任相匹配的程度，同时能够在一些与中国相关的国际事务中发挥积极的建设性影响。

党的二十大报告中明确指出，从现在起，中国共产党的中心

---

〔1〕《习近平：顺应时代前进潮流 促进世界和平发展——在莫斯科国际关系学院的演讲》，http://cpc. people. com. cn/n/2013/0324/c64094-20893328. html。

〔2〕程亚文：《欧亚知识传统中"中国文明复兴"的不同面相》，载《欧洲研究》，2006 年第 5 期，第 3 页。

〔3〕华民：《从世界经济发展看中国的伟大复兴》，载《复旦学报》，2009 年第 1 期，第 40 页。

任务就是团结带领全国各族人民全面建成社会主义现代化强国、实现第二个百年奋斗目标，以中国式现代化全面推进中华民族伟大复兴。因此，中国复兴的标志不是成为世界霸主，而是建成社会主义现代化强国。邓小平强调："我们摆在第一位的任务是在本世纪末实现现代化的一个初步目标，这就是达到小康的水平。""如果能实现这个目标，我们的情况就比较好了。更重要的是我们取得了一个新起点，再花三十年到五十年时间，接近发达国家的水平。我们不是说赶上，更不是说超过，而是接近。"〔1〕

中国全面建成社会主义现代化强国的目标，将更多地把发展聚焦于国内生活水平的提高，减少并消除贫富分化，而不是对外巧取豪夺、扩张权力。这一目标与称霸毫无关系，只是获取尊严感、安全感、成就感的国家使命追求。中国的国际影响力将更多立足于自身形象和能力的改善，而不是削弱他国的影响力。中国的发展不是赢者通吃或独占，而是共赢，不是战胜他国，而是完善自己、超越自己。

中国过去40多年的改革开放取得了巨大成就，保持了高速发展，这既源于中国民众的勤奋努力和改革开放的正确引导，也得益于全球化大背景提供的特殊机遇。中国的发展有助于民族自信心的提升，但这种提升更多是对妄自菲薄的失败情结的纠正，并

---

〔1〕 邓小平：《邓小平文选》（第二卷），北京：人民出版社，1983年版，第416—417页。

没有导致中国整体上的妄自尊大。我们清楚地看到，中国没有先发优势，也没有领先国家所具有的优势基础，中国在众多核心领域都仍处于追赶阶段，个别领域的一流水准还没有形成国家综合创新能力的飞跃。中国制造并不如想象中那么强大，西方工业也没有衰退到只能依赖中国的程度。我国仍处于工业化进程中，中国制造还存在着制造业大而不强、产品档次不高、资源能源利用效率低、产业结构不合理、信息化水平不高、产业国际化程度不高等问题。《中国制造2025》立足国情和现实，提出实现制造强国的"三步走"战略目标：用十年时间迈入制造强国行列；2035年整体达到世界制造强国阵营中等水平；新中国成立100年时，综合实力进入世界制造强国前列。[1]

从世界综合发展状态来看，现代化程度高的国家较之现代化程度低的国家更具影响力优势；而从现代化程度的划分来看，欧洲处于后现代化时期，美国处于现代化中后期，而中国等后发国家处于现代化发展的初期。[2] 尽管欧美等国面临金融危机、竞

---

〔1〕《国务院关于印发〈中国制造2025〉的通知》，https://www.gov.cn/zhengce/content/2015-05/19/content_9784.htm。

〔2〕 大卫·哈维、巴里·布赞、罗伯特·库珀等人都对处于现代化发展不同阶段的国家进行了划分。库珀将国家分为三类：第一类是前现代国家，即失败国家，如索马里、阿富汗等；第二类是后现代国家，即欧盟那样的联合体；第三类是现代国家，即传统主权国家，包括印度、中国等。参见 Robert Cooper, "Why We Still Need Empires", *The Observer*, April 7, 2002. 转引自储昭根、任东来：《美欧分歧与"适应霸权"——罗伯特·卡根〈天堂与实力：新世界秩序中的美国与欧洲〉评介》，载《美国研究》，2005年第2期，第157页。

争乏力、福利陷阱等困境，但这并不意味着处于上升期的中国等国已经具有领先优势。欧美等国面临的治理难题与中国等国面临的问题处于不同的发展阶段，并不意味着中国已经完全超越了这些现代化困境。固然，中国通过自身道路的探索有可能避免一些传统发达国家所走过的弯路，实现后来居上，但在整体上中国的追赶之路尚未完成。虽然中国在一些重大的全球性问题上所能发挥的引领作用正在不断增强，但正如习近平总书记在 2017 年 2 月召开的国家安全工作座谈会上指出："要引导国际社会共同塑造更加公正合理的国际秩序"，"引导国际社会共同维护国际安全"。[1] 强调"共同塑造"和"共同维护"，表明中国仍需要与其他国家共同合作，而无法凭借一己之力达到变革世界的目的。在环境保护、全球金融稳定、公共卫生等领域，中国还处于追赶现代化标准的阶段，无法承担与自身实力不符的全球责任。

总之，中国的复兴是相对于中国的落后状况而言的，中国复兴意味着中国成为国际社会中一个负责任、有担当，与他国平等相待、一道推动国际秩序向着更加公平合理方向发展的大国。中国的复兴意味着中国不再是国际社会中需要救助的贫弱之国，而是推动国际社会走向更加繁荣的积极力量，积极主动推进国际社会的公平正义，成为国际社会的正能量和发展与繁荣的确定性力

---

[1] 《习近平主持召开国家安全工作座谈会强调：牢固树立认真贯彻总体国家安全观，开创新形势下国家安全工作新局面》，载《人民日报》，2017 年 2 月 18 日，第 1 版。

量。中国的复兴与称霸无关，也无意与霸权国争夺世界领导地位。正如习近平总书记所说："中国式现代化不走殖民掠夺的老路，不走国强必霸的歪路，走的是和平发展的人间正道。我们倡导以对话弥合分歧、以合作化解争端，坚决反对一切形式的霸权主义和强权政治，主张以团结精神和共赢思维应对复杂交织的安全挑战，营造公道正义、共建共享的安全格局……中国实现现代化是世界和平力量的增长，是国际正义力量的壮大，无论发展到什么程度，中国永远不称霸、永远不搞扩张。"[1] 按照布热津斯基的说法："全球性强国意味着真正在全球军事能力方面占有绝对优势，拥有重大的国际金融和经济影响力、明显的技术领先地位和有吸引力的社会生活方式——所有这些必须结合在一起，才有可能形成世界范围的政治影响力。"[2]

二、中国复兴的过程分析

中国复兴必须走一条与他国不同的路，也必将通过不断努力实现优选之路。

从复兴的进程和影响来看，中国复兴首先是内部复兴。这是一种内化的、内向的发展壮大。统筹推进"五位一体"总体布局

---

〔1〕　习近平：《携手同行现代化之路——在中国共产党与世界政党高层对话会上的主旨讲话》，载《人民日报》，2023 年 3 月 16 日，第 2 版。
〔2〕　Zbigniew Brzezinski, "Living with China", *National Interest*, Vol. 351, No. 59, 2000, pp. 140-147.

和"四个全面"战略布局，在经济上表现为发展结构的完善、发展模式的升级、管理模式的创新、内部市场的增容、人均国内生产总值的提高。实现国内结构性变革的任务十分繁重，既需要全神贯注、集中投入，也需要努力营造良好的外部合作环境。

其次是国际体系内复兴。中国需要国际市场，构建以国内大循环为主体、国内国际双循环相互促进的新发展格局离不开国际市场的需求。第二轮"走出去"不再是简单的对外部市场的需求，而是需要加大技术和投资的力度。双循环绝不是重回封闭，而是在进一步释放国内市场潜力的同时实现更高水平、更高质量的开放。中国虽然努力在高科技领域实现飞跃，但还很难挤占发达国家的高端科技产品市场，而是偏重于相对传统的能源、运输和基础设施建设等合作，"一带一路"倡议就是这一合作构想的体现。由于对外部市场、新的技术和投资的需求依然十分强烈，中国对国际社会安全与稳定的需求也在上升。由此，中国不可能通过利用或制造外部区域的动乱而获取经济收益，更不可能通过战争或军事手段拓展市场，有限的军事能力是保障投资和人力安全的必要举措，不会构成军事威胁。

再次是在全球化条件下、相互依存背景下的发展。中国过去40多年的建设成就，得益于全球化所带来的全球产业分工，也得益于相互依存所造就的互利共赢的国家间良性关系。相互依存虽然无法抑制竞争与危机，但在一定程度上限制了国家间竞争与冲突的强度，塑造了一荣俱荣、一损俱损的国家间共同体意识。人类命运共同体理念的提出有助于中国形成和平互利的世界观，也使得中国的发展能够造福于他国，更易于为国际社会所接受。

这三个条件决定了中国复兴循序渐进、有章可依、路径清晰、损害性小、确定性强。换言之，中国复兴的过程既是主观意愿的选择，也有客观条件的限定，并不是可以轻易改变的。

（一）中国不具有通过战争方式谋取霸权的可能性

中国复兴并非谋霸，中国更不可能通过战争方式谋霸。

虽然以往任何一次赢取霸权的机会都是通过大国战争直接或间接获得的，但如今，人类已经进入核时代，中国不可能选择以直接策动或参与任何这样的大国战争谋取霸权，如果这样，只能以极大的代价换来自毁的命运，造成两败或多败的结局，失去人类文明的一切成果。"今天没有哪个国家有挑起世界大战的野心，军事技术的发展减少了大国发生战争的可能性。"[1]

以奥甘斯基和库格勒为代表的一些西方国际关系学者总喜欢议论霸权国与挑战国之间不可避免的冲突，并把这种冲突视为历史的惯性。[2]但近百年来两次国际格局转型表明，即使是霸权国与挑战国之间的权力转换，也并非通过直接战争实现。美英霸

---

〔1〕《基辛格：中国没有意图取代美国成为世界超级大国》，http://www. howbuy. com/news/2016-03-19/4190174 . html.

〔2〕 A. F. K. Organski, *World Politics*, New York：Alfred A. Knopf, 1968, pp. 163-185；A. F. K. Organski and Jacek Kugler, *The War Ledger*, Chicago：University of Chicago Press, pp. 58-59.

权之间的转换表明，霸权国英国与挑战国德国之间的战争导致第三方国家美国崛起为霸权，而并没有实现霸权国与挑战国之间的转换，这其中的原因是深刻的，挑战国不仅很难实现夺取霸权的目的，反而可能因为不断的挑战而导致自身的衰落。"1914年灾难前，帝国主义列强向英国发起了挑战，不过一战是出于其他原因爆发的。1991年苏联相对和平的解体表明，力量不断削弱的大国及其竞争对手之间的战争并不是无法避免的。"〔1〕即使存在历史惯性，当代世界的危机管控能力也有了一定提升。然而，虽然冷战时期美苏危机多次被化解，但对于未来我们仍要特别警惕大国之间军事上迎头相撞的危险局面出现。当然，个别大国也有可能出现刹车失灵的情况，但所有大国均出现失灵的可能性则微乎其微。自冷战以来，军事在大国间的作用已经发生重大嬗变，由征服变为威慑；特别是人类进入核时代以来，大国发展的成败除了别国的外部压力，更多取决于自我发展和纠错的能力。从根本上说，没有一个大国的命运能够被另一个大国所决定，苏联的解体并不是战争导致的，也不完全是由于外部力量强加所致。大国不可能通过战争被击败，大国战争只能是两败俱伤，不会有幸免者和赢家。

传统的强权政治也不适用于中国。中国历来反对强权政治，

---

〔1〕　Walter C. Clemens, "Why Pick a Fight with China?", http://thediplomat.com/2012/05/why-pick-a-fight-with-china/.

反对向他国强制输出价值观和政治制度。"中国在第一次崛起的1000多年中并无滥用权势的记录。""大部分国际关系学者对现今中国的忧虑都是来自苏联的经验，苏联（从斯大林到勃列日涅夫）推动或支持了共产主义的扩张。但中国与苏联不同，即使在激进的'文革'时代，也没有实际证据表明其向其他国家全盘输出共产主义革命。总体说来，在与美国试图输出民主制度相比时，现今中国的记录并不是那么糟糕。"〔1〕那种认为中国有可能成为潜在的修正主义国家的观点，所依据的只是中国常常谴责美国霸权和权力政治。"北京的言语之中常常谴责美国霸权和权力政治，意味着中国有可能拥有一个潜在的修正主义议程——挑战美国创造并领导的国际秩序的长远之计。"〔2〕中国谴责权力政治却被当成中国热衷于权力政治，这显然是荒谬的。权力政治的逻辑恰恰是中国和平发展所希望避免的。

　　其实，改革开放以来，中国复兴的方式一直是避战、避险的，在竞争的危机中努力运用化解之道。中国的发展始终是坚持和平方式的。中国从未主动挑起过任何争端，与之相反的是，凡是有利于和平、稳定与繁荣的事情中国就积极加以推动，对于国际热点问题、争端问题均倡导并力求以和平方式解决，并积极探

---

〔1〕　熊玠：《大国复兴：中国道路为什么如此成功》，武汉：湖北教育出版社，2016年版，第7页。

〔2〕　金骏远著，王军、林民旺译：《中国大战略与国际安全》，北京：社会科学文献出版社，2008年版，第236页。

索和平解决热点或危机的新途径、新办法。这是足可以昭示于天下的。中国提出的"搁置争议、共同开发"和"一国两制"等构想，尤其进入新时代以来强化捍卫主权的意志和能力，都绝非为了挑起战争和事端，而是不得不回应外来因素对国家主权的侵害。基于中国近代屈辱的历史，在中国由弱到强的进程中，中国人对于稳定与尊严的诉求表现得尤其强烈。在捍卫主权压力加大的情况下，强化自身领土范围内的军事防御能力无可非议，维护国家稳定、防范外部侵略仍是国家安全战略的核心。而中国之所以推进新型大国关系，其目的也是解决霸权国与新兴市场国家之间的潜在冲突问题。正是为了实现和平复兴，中国才强调不断融入现有国际体系，在现有体系内发展壮大。

（二）中国复兴将是内外良性互动的过程

中国的复兴将是继续坚持改革开放、推进现代化的过程。在这一过程中，内外两个大局的互动是不可回避的，国内问题国际化、国际问题国内化的相互内嵌，使得中国的国内发展与国际社会密不可分，处理好这一关系有助于内外关系的良性互动，有助于中国塑造自身形象，形成互利合作的国际环境，反之，则可能导致内外因素的对立、排斥，形成负相关关系。

中国的复兴必然受制于内外部各种因素的影响，积极正面地看待内外互动的影响，扬长避短、趋利避害，同时积极承担国内社会与国际社会所赋予的责任，就显得尤为重要。对外合作的不断深化显然有助于中国对外影响力的提升，但也意味着需要承担更多的责任。在国际合作的进程中，中国所承担的责任先于也远远多于对他国的影响力，这就要求中国必须避免权益多于责任的期待，保持战略定力与克制。如同基辛格在《世界秩序》中所言："秩序永远需要克制、力量和合法性三者间的微妙平衡。"[1]

受制于中国自身发展基础以及全球化相互依存等诸多因素，中国复兴的过程相对更长。在扩大国际影响力的过程中，中国不仅受到国际社会的规范和约束，也将受到其他大国的限制和制约，以和平方式成为世界强国的过程将是可接受、可监督的，而不是为所欲为、破坏规范的过程，只有经历国内社会与国际社会双重规范互塑的国家，才能成为未来世界的真正大国。因此，中国复兴必将经历自我修炼与自我完善，而这一进程本身是以中国与国际社会的良性互动为条件的。

总之，中国复兴是内外互通、由内向外跨界溢出的过程，是时间、空间多层次、多场域多维互动的过程，是全球责任和影响同步扩大的过程，这也决定了中国复兴将是稳步、可控的过程。

（三）中国复兴必将经历艰巨的探索

中国没有作为一个现代大国的历史积淀和经验积累，也即中国并没有战胜或超越比自己更为先进的国家而成为世界强国的历

---

〔1〕 Henry Kissinger, *World Order*, New York：Penguin Press, 2014, p. 9.

史经验。在现代国际政治体系中，几乎所有的国际政治、经济、安全规则都是由西方国家设计和制定的，中国的遵约实践是在长期的学习和借鉴过程中完成的。21世纪以来，中国开始对国际体系作出有中国特色的贡献，在完善与变革现有国际体系中发挥越来越大的建设性作用，然而并非替代或主导现有体系，也难以另起炉灶。这种"先天不足"和后发劣势，使中国的复兴必将经历容错和纠错的过程，面临更高的标准，付出更巨大的代价，进行"摸着石头过河"式的探索。这就要求中国在制定政策的过程中，必须长期保持理性、审慎、创新的态度，在大国竞争的复杂关系中寻找非零和的路径，不断探索和开拓新途。

中国的复兴必须是综合发展，这样才能成为真正的强国。苏联失败的教训表明，任何单一领域的优势都无法长久支撑一个大国的整体发展，结构合理的均衡发展才能造就和维护一个大国的强国地位。全面综合发展需要一个较长的时间周期，必须结合自身特点不断探索创新。"一带一路"倡议是中国避开与传统大国相争相撞的新尝试，是与发展中国家群体共享资金技术、共担责任、互联互通、共同完成经济结构转型的可持续发展战略。"一带一路"构想庞大、过程漫长、充满机遇和挑战，也是新兴市场国家发展的创造性尝试。

三、中国复兴的路径选择

近年来，国际形势出现了前所未有的新变化。全球经济下行压力加大，传统大国普遍陷入困境，全球治理赤字严重，反全球化、逆全球化的势头上升。中国等新兴市场国家实力虽有所提升，但在全球经济困境中也面临新的挑战。对中国而言，美国等大国对华施压的势头有增无减，周边形势处于新的不确定期，而自身经济也面临着新一轮结构性调整，国内改革发展稳定任务艰巨繁重，中国进入了新一轮全面深化改革的关键期。在一定程度上可以说，在世界历史上大国崛起各不相同、各擅胜场，而中国复兴是其中最复杂、最具有特质的。

中国复兴是一个发展中大国的复兴，也是一个非西方国家的复兴，无论国际社会是否注意到这一点，中国自身已充分意识到了这一进程的特殊性和敏感性。有学者甚至认为，中国复兴必然会冲击既有的国际权力格局和利益格局，给国际体系带来巨大的震撼。[1]

在复杂的内外部环境中，中国要走一条与传统大国不同的强国之路，中国的复兴战略如何规划与设计、通过什么样的路径来加以实施，是一个重大的战略议题和历史课题。为此，有两个核心议题摆在中国面前：一是中国能否超越所谓权力政治的"永恒的魔咒"，二是中国化解冲突、推进合作能否真正落到实处。牢牢把握共同发展这个核心，处理好自我与他者的关系，注重本国

---

〔1〕　胡键：《中国和平发展道路：历史逻辑、基本经验、未来前景》，载《探索与争鸣》，2013 年第 7 期，第 38—43 页。

利益与他国利益的协调，正是中国复兴之路的关键所在。

为了化解中国复兴的两大难题，中国应该立足于群体性崛起、制度性崛起、合作性崛起，以保障最终实现和平复兴。

(一) 群体性崛起

群体性崛起的构想基于共同性和整体性原则。其基本理念是：一个国家的发展不能建立在周边国家贫穷的基础上，一个国家的强盛必须伴随着其他国家的共同发展。在相互依存日益密切的世界里，一个国家的可持续发展必须与国际社会的整体发展与繁荣相伴。中国变量是整体中的变量，应该立足于发展的整体才能赢得更大的机遇。

中国立足于群体性崛起，首先是与发展中国家群体共谋发展、共享发展成果，"一带一路"便是与发展中国家谋求共同发展，而不是确立新的中心；其次是在更大范围内推动构建以区域一体化为基础的周边命运共同体及至人类命运共同体。

(二) 制度性崛起

制度性崛起是基于整体性与互动性原则而设计的，是基于内外协同而展开的。中国对于国际体系的态度，由新中国成立初期的向社会主义阵营"一边倒"，到改革开放时期的"体系共存"，再到 21 世纪以来的"体系完善"，表明中国的一切与世界息息相关，与世界加深联系的进程不可逆转。

中国融入国际体系，显然不再是策略性的举动，而是根本的战略性选择。中国没有将融入国际体系建立在只利用国际体系为自身服务的基础上，而是在享受平等待遇的同时承担相应的国际责任，尊重国际制度，适应国际规范。责任意识和遵约意识是制度性崛起的关键所在，制度性崛起意味着中国的发展更具确定性、更可预期，有助于世界的整体稳定。

在制度性崛起的过程中，中国也在经历制度约束和制度内化的过程。熟悉适应国际规则、更加有效地遵约守信，正面看待一切有利于改革开放的积极因素，以实现更高标准的现代化，始终是中国复兴过程中不可或缺的要义。发展才是硬道理，不仅适用于中国复兴的内部变革，也适用于中国与国际社会的有效对接与互通。更为重要的是，中国也在为国际体系的发展完善发挥着建设性的作用。

中国为国际体系的和平转换提供了一个价值目标，即国际关系民主化。中国参与了国际体系的一系列改革，如联合国改革（包括维和机制的改革与创新、防扩散与集体安全制度的改革等）、国际货币基金组织改革、世界银行代表权改革、世界贸易组织改革等，表明中国在参与国际体系的过程中，通过对国际体系规则的内化以及自己的国际实践，对国际体系产生了深远的影响。中国和平参与国际体系、塑造国际体系，是一个"双向社会化的过程"，是"相互影响、相互作用、相互适应和相互改变的过程"，[1] 是一个辩证统一的过程。

（三）合作性崛起

合作性崛起基于互动性与协调性，强调利益协调、互利互益。合作性崛起是化解冲突的有效方式，也是操作难度较大的方式，它需要凝聚高度共识、更新旧有观念、强化实施举措才能成功。

新型合作观。必须严格遵循互利共赢的合作模式。一国合作的意愿绝不能强加于别国，而必须基于共识和共同意愿，绝不利用合作谋取一方利益最大化，而是强调共同受益。共赢在于既要善于寻找和敏锐把握共同利益，扩大共同利益，促进互补利益，也要在差异化的前提下，保持和尊重彼此的核心利益。尊重他人利益，在缺乏共同利益和无法互补的情况下仍然能够实现共赢，这才是更高的智慧。

新型竞争观。合作并不排斥竞争，新型合作观包容良性竞争。在以往的国际关系演变中，促进自身发展、延缓别人发展是一个基本的竞争法则，也是战略法则。然而，究其本质，竞争是要使自己变得更好，而不是使对方更差。一国发展不可能以抵制或削弱他国为条件。中国只能在新的竞争观之下实现发展，即通过竞争的驱动使自身变得更强，而不是通过恶性竞争抑制或削弱

---

[1] 朱立群：《中国参与国际体系：双向社会化的实践逻辑》，载《外交评论》，2012年第1期，第13—29页。

对方。中国提出的互利共赢理念是对国际社会的一个重大贡献。

新型发展观。"一带一路"的倡议和实践表明，一国发展不可能建立在周边贫穷的基础之上，发展是可持续的共赢的发展。中国追求更公正均衡的发展观，强调富帮贫，缩小贫富差距，力图改变富国更富、穷国更穷的局面。中国向发达国家学习、借鉴，实现与富有国家的合作，也向发展中国家学习并慷慨施援，实现与贫穷国家的共同致富。

新型安全观。正如中国不可能孤立地发展，同样也不可能仅仅依靠自身维护安全，就可以实现总体安全和可持续安全。中国从不制造和利用危机，中国不把安全建立在别国不安全的基础之上，不划分势力范围，不搞集团政治，不以结盟应对传统联盟的围堵，坚持不结盟政策。

总之，中国复兴是和平、合作的复兴。中国的发展强调义利兼顾，是基于共同收益而不是以牺牲他国利益为前提的掠夺式发展。中国努力提升自身地位，避免零和博弈式的大国冲突。中国一直在努力走出一条周全而审慎的复兴之路。

第三章

战略机遇期的判断与维护

　　党的十九大报告指出，当前，国内外形势正在发生深刻复杂变化，我国发展仍处于重要战略机遇期，前景十分光明，挑战也十分严峻。[1] 正确理解这一论断，对于我们全面贯彻落实习近平新时代中国特色社会主义思想，实现中华民族伟大复兴的中国梦，推动构建人类命运共同体意义重大。

一、如何研判战略机遇期

　　战略机遇期的研判是战略谋划的核心问题，直接关乎战略决策方向。在复杂多变的国际形势下，研判战略机遇期比以往更具难度和挑战性。2018 年 6 月，习近平总书记在中央外事工作会议

----

　　[1]《习近平在中国共产党第十九次全国代表大会上的报告》，http://cpc.people.com.cn/n1/2017/1028/c64094-29613660.html。

讲话中指出，把握国际形势要树立正确的历史观、大局观、角色观。[1] 这对我们准确研判战略机遇期具有重要指导意义。

（一）把握大势

习近平总书记指出，把握国际形势不仅要看现在国际形势什么样，而且要端起历史望远镜回顾过去、总结历史规律，展望未来、把握历史前进大势。[2] 当前国际形势的发展趋势是发展中国家崛起不可阻挡，西方逐渐走向衰落，国际体系和国际格局处于渐变过程中。西方整体主导力下降，中国等新兴市场国家影响力上升，但还无法成为新的主导国家，合作型主导将成为主流。未来，或将形成传统大国与新兴市场国家围绕维持与变革现有国际体系的群体性较量，形成守成与变革规则之间的冲突，建立后西方秩序的可能性上升。

当前的国际体系变革表现出渐进性，转型周期具有漫长性。西方创建与主导的国际体系已无法适应国际形势发展变化，但变革并非突变与颠覆，而是合法、有序的渐变。经济权力的分配和国际经济体制规则的调整，业已成为国际政治变革进程中关键的方面。[3] 如果变革成本过大，即便现有体系存在不足，体系的

---

〔1〕《习近平：努力开创中国特色大国外交新局面》，http://www. xinhuanet. com/politics/2018−06/23/c_1123025806. htm。

〔2〕同〔1〕。

〔3〕查尔斯·P. 金德尔伯格著，高祖贵译：《世界经济霸权1500—1900》，北京：商务印书馆，2003年版，第359页。

稳定仍然得以维持。[1] 国际秩序处于新的演变过程之中，但尚未达到转折点。在这一漫长转型周期中，战争等颠覆性因素难以出现，因而转折点的出现绝非易事，渐进往往长于突变。

从历史经验看，霸权衰落是一个缓慢与反复震荡的过程。英国经历了两次世界大战完全丧失世界霸权地位。美国的霸权在世界大战和冷战中成长起来，可谓经过了一定考验，其间又经历了20世纪70年代的相对衰落，也曾因几次局部战争而遭受挫折，但霸权地位总体得到维持。关于美国是否衰落的讨论经久不衰，但比较普遍的看法是美国的衰落至多是相对衰落，主要体现在其国内生产总值的相对优势缩水方面，而在军事、科技、制度及文化影响力等方面，美国依然具有明显的全球领先优势。此外，庞大的全球联盟体系也为美国霸权提供了重要支撑。

（二）把握本质

习近平总书记指出，把握国际形势不仅要看到现象和细节怎么样，而且要把握本质和全局，抓住主要矛盾和矛盾的主要方面，避免在林林总总、纷纭多变的国际乱象中迷失方向、舍本逐末。[2] 研判当今世界趋势的关键在于把握权力关系，它既包括

---

〔1〕 罗伯特·吉尔平著，宋新宁、杜建平译：《世界政治中的战争与变革》，上海：上海人民出版社，2007年版，第30页。

〔2〕《习近平：努力开创中国特色大国外交新局面》，http://www.xinhuanet.com/politics/2018-06/23/c_1123025806.htm。

世界主要大国力量对比的变化，也涉及权力构成因素的演变，更涉及对权力作用总体趋势的把握。

世界主要大国力量对比正经历深刻变化，新兴市场国家群体性崛起，带动国际力量对比出现"东升西降"态势。其中，作为国际社会积极的建设性力量，中国实力的进一步提升有助于其发挥更大作用。世界主要力量之间形成的国际格局是研判战略机遇期的重要因素。从传统理论来看，权力转移与体系战争的相关度很高，但随着各国相互依存加深，战争受到了很大制约，制度建设和制度完善的作用得到更大的体现。

从权力构成因素来看，构成因素更加复合化。复合视角强调多因素的综合作用，强调因素影响的权重比例分析及因素间的交叉互动。复合视角不是各因素的简单叠加分析，而是充分考虑系统内各因素的互动变化加以综合研判，尤其是因素自身变化对于形势的影响。

从权力作用的总体趋势看，要确立综合研判视角。国家实力变化无疑深刻影响国际形势，但不能仅由此判断事物发展变化的方向，这是综合研判之要义。力量重组的前景不仅取决于个别国家力量，也取决于力量重组和新的多边机构作用，因而需要关注系统的叠加效应、积累效应、连锁效应、突变效应。

权力因素仍然发挥着重要作用，但受权力政治学说影响，人们往往将关注点放在国家力量消长起落之上，忽略了其他非物质实力要素的作用。换句话说，权力政治学说寻求简化规律，刻意屏蔽了多种因素互动的现实，而一些全球性挑战虽与国家面临的挑战不尽相同，但仍具有重大影响力。人口失衡、贫富分化、移民政策、气候变化、卫生安全治理等影响着国家政策的制定，也必然限制着国家未来的选择。

总体来看，军事因素的作用犹在，但不等同于国家的实力和影响力；发展模式和对外合作的作用上升；科技、经济、文化等因素的作用增强。

（三）认清自身

习近平总书记指出，把握国际形势不仅要冷静分析各种国际现象，而且要把自己摆进去，在我国同世界的关系中看问题，弄清楚在世界格局演变中我国的地位和作用，科学制定我国对外方针政策。[1] 在当前国际力量对比演变中，中国变量引人关注。中国实力增长推动其国际地位提升，在国际社会中的作用不断增强，成为世界舞台中举足轻重的国家。目前，中国国内生产总值稳居世界第二，对世界经济增长贡献率超过百分之三十。[2] 此外，中国还是世界第一大货物贸易国、第一大外汇储备国、第二大对外投资国。随着中国实力不断增强，无论是美国、欧盟等发

---

〔1〕《习近平：努力开创中国特色大国外交新局面》，http://www.xinhuanet.com/politics/2018−06/23/c_1123025806.htm。

〔2〕《十九大报告：数字里的中国自信》，http://politics.gmw.cn/2017−10/18/content_26541079.htm。

达国家和集团，还是其他新兴市场国家和发展中国家，都希望与中国深化合作、加强协调。各种力量对中国的借重显著上升，在全球经济治理、环境和气候变化等重大国际议题上，中国的发言权和影响力上升。[1]

无疑，中国变量正在客观改变着当今国际体系和大国关系。然而，中国影响世界的能力仍有限度：中国的实力和资源转化为解决问题的能力尚需提升；美国虽然在国际事务中出现一定程度的卸责，但并不意味着中国能够全面接盘。阿查亚认为，"美国世纪的终结"并不意味着"新兴大国"能够以单独或集体的方式填补空缺。[2] 至少在未来十年，中国等国仍无力改变美国主导世界体系的局面。此外，中国在多边舞台中的作用不断增强，但大多并非发挥主导作用。中国推进的主要倡议和机制（如"一带一路"倡议、全球发展倡议、全球安全倡议、全球文明倡议等）以及提出的处理国际关系的一些原则（如构建人类命运共同体、倡导全人类共同价值、践行共商共建共享的全球治理观等），都是对现有国际秩序的有益补充，与现有国际组织、国际规范是共存共荣的关系。

作为世界上最大的发展中国家和最大的发达国家，中美两国

---

〔1〕　张蕴岭、邵滨鸿主编：《中国发展战略机遇期的国际环境》，北京：社会科学文献出版社，2014年版，第209页。

〔2〕　阿米塔·阿查亚著，袁正清等译：《美国世界秩序的终结》，上海：上海人民出版社，2017年版，第40—41页。

综合实力差距的缩小，给中国发展和运筹大国关系提供了更大空间。外部环境变化与自我能力提升使中国仍然拥有一个有利的战略机遇期。从力量对比变化看，中国实力（尤其是经济实力）发生的变化不仅具有经济意义也具有政治意义。与此同时，美国实力虽相对下降，全球影响力犹在，其政策仍可能对国际形势产生重大影响。欧盟依然是国际社会的重要力量，没有消亡也没有崩溃。因此，国际秩序发展只能说是接近于转折点，这正是习近平总书记强调"中国正在前所未有地靠近世界舞台的中心，前所未有地接近实现中华民族伟大复兴的目标，前所未有地具有实现这个目标的能力和信心"[1] 的深刻含义所在。

二、中国仍处于重要战略机遇期

战争风险、国际格局演变趋势以及时代发展潮流是综合研判战略机遇期的主要因素，综合分析这些因素，剖析其对中国发展的影响，可以发现在未来较长时期中国仍处于重要战略机遇期。与此同时，风险挑战也在增加。党的二十大报告提出：我国发展进入战略机遇和风险挑战并存、不确定难预料因素增多的时期，各种"黑天鹅""灰犀牛"事件随时可能发生。我们必须增强忧患意识，坚持底线思维，做到居安思危、未雨绸缪，准备经受风

---

[1] 习近平：《建设一支听党指挥能打胜仗作风优良的人民军队——关于加强国防和军队建设》，载《人民日报》，2014年7月14日，第16版。

高浪急甚至惊涛骇浪的重大考验。[1]

（一）大国战争风险相对较低

战争风险是研判大国崛起战略机遇期最为关键的因素之一，也是中国能否捍卫和平与发展时代主题的决定性因素。当前，国家间战争风险因历史、现实、民族、宗教等因素依然存在，但总体上没有增强之势。国际社会共同面临着传统安全与非传统安全相互交织的严峻挑战，且将持续较长时间，需要各方携手合作加以应对。相较于大国与小国或小国与小国之间的战争，大国之间发生战争的概率更低。

大国之间爆发体系战争的可能性较小。核武器和技术革命使战争的破坏力空前增加，战争的成本难以承受，相互确保摧毁（MAD）和"战争无赢家"的新战争观大大制约和降低了大国之间战争的可能性。大国之间的常规战争或局部战争也因核武器的相互威慑以及战争爆发后核风险升级等因素受到极大限制。然而，随着竞争与冲突的加剧，大国之间冲突的形式日益多样化。一是以小国"代理人"形式发生的区域之争。中东地区战争从来不乏大国博弈的身影，东亚地区岛屿争端也难以规避大国区域主导权争夺的战略考量。二是通过一些非传统战争形式展开竞争，

---

〔1〕　习近平：《高举中国特色社会主义伟大旗帜　为全面建设社会主义现代化国家而团结奋斗》，载《人民日报》，2022 年 10 月 26 日，第 1 版。

贸易战、网络战、金融战等将成为大国较量的主要形式，其所造成的伤害可能高于传统战争。

当然，战争也可能因战略误判或突发事件而发生。兰德公司研究报告认为，战争风险具有传导性，它带来恐惧和压力，使决策者易于出现误判和作出错误决策。即便如此，这种战争仍可通过各种危机管控机制限制在一定范围内，不致引发大国间的世界大战。[1] 除战争方式外，霸权国也可能采取其他方式应对崛起国。20世纪80年代，美国通过经济手段实现对日本的打压，使后者经济长期萎靡不振，不再对美国构成威胁。2018年以来的中美贸易战，在一定程度上是美国当年打压日本经济崛起的政策翻版。

（二）国际格局演变总体有利

国际格局演变受多种因素影响，其中国际力量对比变化被认为是影响国际形势的重要因素之一，也被认为是权力转移的风向标。主要大国物质力量对比与组合的变化是影响国际形势的重要因素，也是研判战略机遇期的重要变量。2008年世界金融危机后，国际力量对比调整加速，新兴市场国家群体性崛起，中国成为世界经济重要引擎，经济总量位居世界第二。"一超多强"局

---

〔1〕《智库兰德公司：中美冲突可能性提高》，http://www.zaobao.com/news/world/story20171026-805901。

面虽在延续，但呈现"一超走弱、多强易位、中国影响突出"的态势。新兴市场国家群体性崛起和西方国家整体相对衰弱，导致国际格局和国际秩序变革加速，"东升西降"态势有利于中国等国获得更好的发展机遇。

（三）大国关系总体求稳

在国际体系转型期，大国关系趋于紧张不可避免。当前，虽然"一超多强""西强东弱""北强南弱"的总体格局没有改变，但力量对比变化已在一定程度上影响到国家间尤其是大国关系，出现了美国维持霸权地位与其他国家影响力不断发展壮大的矛盾。

目前，中美关系正在经历深刻复杂变化。美国将中俄定性为战略竞争对手。美国两党形成共识，认为过去对华接触政策已经失败。即便如此，中美相互依存的局面和长期合作的基础仍将发挥限制冲突的重要作用，两国间竞争与合作交织的状况仍将持续。对中国而言，积极维护两国间的战略稳定尤其重要。

中美俄三边关系不会形成新的相对两强争夺相对较弱一方的局面。中俄两国并非结盟关系，但中俄新时代全面战略协作伙伴关系仍有望不断增强。美国同时将中俄作为战略竞争对手，客观上也会强化中俄之间相互借重。此外，中日关系保持总体稳定，但不时出现各种杂音和干扰；[1] 中印互为重要的邻国和合作伙伴，但近期一系列事件使中印关系的复杂性不断凸显。[2]

从当前全球主要力量的经济、军事、科技增长率来看，在未来五到十年间，大国多将以全方位外交为重，大国关系总体呈现求稳态势。国家间力量对比虽出现变化，但没有达到替代关系。金砖机制、二十国集团与传统的多边机制仍将处于并行发展阶段。随着主要大国间实力差距逐渐缩小，大国间关系呈现复杂组合、相互倚重制衡局面，竞争性接触仍将是大国间互动的主流方式。

（四）全球化进程不会逆转

全球化浪潮整体上加快了世界经济发展，增进了人类福祉。但从历史视角看，全球化始终处于不断调整变化之中，其发展演变充分体现了全球势力在此消彼长过程中不断形成新的均衡。[3] 当前，全球化进入了新阶段，在中国等后起之秀不断推动全球化进程的同时，传统大国开始推行贸易保护主义，逆全球化潮流盛

〔1〕《王毅会见日本外相林芳正》，https://www. ndrc. gov. cn/fggz/gjhz/zywj/2023 04/t20230426_1354415_ext. html。

〔2〕《2023 年 5 月 31 日外交部发言人毛宁主持例行记者会》，https://www. mfa. gov. cn/web/wjdt_674879/fyrbt_674889/202305/t20230531_11086730. shtml。

〔3〕 Jeffrey D. Sachs, "The Shifting Global Landscape", http://www. bostonglobe. com/ opinion/2017/01/22/the - shifting - global - landscape/O844Wwn9EYsB5yXGSVPkLK/story. html? s_campaign=bdc:globewell:opinion.

行，但全球化进程不会因此逆转。

第一，当今全球化出现的变化趋势不应被视为全球化的倒退或逆转，而是一种调整，全球化转型这一表述更为准确合理。资源的自由流动、自然配置被人为阻隔，但难以中断经济全球化业已深入的进程。第二，国家行为体一直在全球化进程中扮演重要角色，当前这一作用被进一步强化。在一些非国家行为体长期共存与冲击下，民族国家的重要性和政治影响力被重新强化。民粹主义和保护主义势力在回潮，但还远没有成为各国社会的主流意见或主要大国的战略选择。第三，区域一体化受阻直接冲击了全球化趋势。地区多极化发展导致全球化分化为以区域为中心的局部全球化的集合。第四，相互依存因素对全球化的正向作用有可能下降，但仍将发挥相对积极的作用。随着反全球化和贸易保护主义抬头，相互依存对于冲突的限制作用可能下降，但对多数国家间相互依存的制约作用仍会增强。第五，新一轮全球化集中于面向发展中国家和基础设施建设，推动者主要为新兴市场国家。加拿大学者阿米塔·阿查亚认为，中国的崛起和发展将引领全球化进入全新模式，不同于以往多关注贸易，新型全球化将更多地关注投资、基础设施建设和共同发展。过去的全球化基本上由西方国家主导，而新型全球化将更多地由东方世界主导，中国、印度等国家将发挥更大作用。[1]

随着经济全球化进入新一轮调整，全球产业链和补偿机制、全球治理也将随之出现调整，经济全球化进入转型期。传统发达国家对经济全球化的驱动力量减弱，新兴市场国家成为新的推动力量，并将由此带来与新兴市场国家发展相适应的观念更新，例如更加强调公平、公正与均衡发展等。

三、如何维护和延长战略机遇期

客观分析当前及未来一段时期国际形势，我们认为中国仍处于战略机遇期。习近平总书记在 2018 年中央外事工作会议上指出，当前，我国处于近代以来最好的发展时期，世界处于百年未有之大变局，两者同步交织、相互激荡。做好当前和今后一个时期对外工作具备很多国际有利条件。[2] 但不可否认，在现实主义回潮与经济全球化转型背景下，维护战略机遇期的难度明显增加。

随着中国实力和影响力不断扩大，来自外部的竞争和压力也在增加。中国既要抓住机遇、有所作为，又要避免风险，尤其是潜在的重大战略风险。习近平总书记强调，对外工作要坚持统筹

---

〔1〕 阿米塔·阿查亚：《美国世界秩序的终结与复合世界的来临》，载《世界经济与政治》，2017 年第 6 期，第 14—25 页；阿米塔·阿查亚：《特朗普与美国世界秩序的终结》，载《南开学报》(哲学社会科学版)，2017 年第 3 期，第 8—13 页。

〔2〕《习近平：努力开创中国特色大国外交新局面》，http://www.xinhuanet.com/politics/2018-06/23/c_1123025806.htm。

国内国际两个大局,坚持战略自信和保持战略定力,坚持推进外交理论和实践创新,坚持战略谋划和全球布局,坚持捍卫国家核心和重大利益,坚持合作共赢和义利相兼,坚持底线思维和风险意识。[1] 这是把握战略机遇期的重要指导原则。

为维护和延长战略机遇期,中国在对国际形势发展进行预判的同时,对国家威胁进行主次重点分析和目标定位,有针对性地论证、设计、调动、部署、分配和应对,强化和完善如下几方面举措。

第一,努力把握系统性、整体性深层次改革。中国要防止系统性失灵、强化整体性稳定与发展。新时代要有大格局、大布局、大空间,从全球系统层面思考和把握问题,拓展战略回旋空间。

在百年未有之变局中,中国需要深度参与国际体系调整与重塑,强化全球治理能力,提供更多、更好的中国智慧和中国方案,推动国际秩序朝着更加公正合理的方向发展。在新一轮全球化转型中,美国出现了卸责倾向,这对中国既是机遇也是风险。中国应主动深度参与全球治理,积极引导国际秩序变革;同时应把握好动态平衡和趋势性因素,防止系统失灵,预防可能的被动卷入,在变局中把握主动,顺势而为。

---

〔1〕《习近平:努力开创中国特色大国外交新局面》,http://www.xinhuanet.com/politics/2018-06/23/c_1123025806.htm。

第二，努力实现自身更大发展，提升战略能力。发展自身与把握机遇相辅相成。自身强大即是最大的机遇，集中力量把自己的事办好即是核心。打铁还需自身硬，要将中国机遇转化为世界机遇，世界机遇转化为中国机遇。[1] 中国具有坚强有力的中国共产党领导，具有综合调动战略资源的能力优势，当务之急是要更加积极地谋划和使用好这些战略资源，加快实现战略资源向战略能力的有效转化。

如何更加有效地实现战略资源向战略能力的转化是把握战略机遇期的核心命题。中国特色大国外交的关键在于促进国家实力向战略能力的转化，促进中国实力和国际影响力的日益匹配。这需要发挥举国体制动员能力和集中能力办大事的优势，合理适当地运用外交资源，把有限的资源用在最亟需、最具战略性意义的领域和场域。通过把握前沿、占据先机、统筹兼顾，合理调配使用资源，争取实现超越式发展。

第三，努力推动构建新型国际关系。构建新型国际关系的重点在于平衡好大国关系与发展中国家关系，形成有利的互促互动模式。

一是协调好大国关系。随着国际体系发展演变，大国关系在转型期呈现渐进而深刻的变化。对中国而言，解决好中美关系矛

---

〔1〕《刘延东：中国的发展是世界的机遇》，http://www.xinhuanet.com/world/2016-11/25/c_1119990468.htm。

盾和地区热点问题至关重要。中国要在中美关系与周边热点问题上寻求新的突破口。

二是推动中国与其他发展中国家兼容并蓄的联动发展。中国在非洲、拉丁美洲、东南亚的发展合作事关未来发展战略全局。在强化大国关系良性互动基础上，与发展中国家共谋发展。构建新型国际关系要扶弱合强，将以往大国的以大欺小、以强凌弱转变为扶小合大、协调发展。

第四，努力推动构建整体全面、层次丰富、领域多元的地缘政治经济环境。中国的战略选择要有全球视野，亚太仍将是地缘政治重心。周边形势风险与大国关系矛盾叠加是中国把握战略机遇期需要面对的关键问题。在战略布局上，既要突出重点，也要强调多元化与多面性，防止新的战略真空出现，努力构建北合南稳、远交近合的政治经济环境。

中国通过"一带一路"倡议推进欧亚大陆的和合之势，向东发展以太平洋为中心的亚太自贸区。"一带一路"是推动构建人类命运共同体的重要抓手，是区域间的合作与联通，也是地缘核心区的联合。

在国际安全方面，中国要继续发挥积极作用。中国是联合国安理会常任理事国中派遣维和人员最多的国家，在许多地区热点问题中发挥着维稳促和的积极作用。中国在维和领域的贡献得到国际社会的充分肯定，应进一步加大相关投入。

第五，努力把握好对外依存度与战略自主性的关系。随着中国的发展壮大，对外部世界的依存度也不断增加，如何平衡好对外依存度与战略自主性的关系十分重要。中国在经济上要有更大的自主性和回旋能力，从过多依赖外部市场到更多立足于国内市场，从而改变因对外部市场依赖过多导致的战略选择受限问题。

第六，努力推动构建人类命运共同体。人类命运共同体理念强调共商共建共享等理念，坚持各美其美、美美与共的境界，坚持雪中送炭而非落井下石，坚持合作共赢而非零和博弈。全球化发展过程中出现了贫富分化问题，中国推动的全球化转型要旨在促进各国均衡发展。中国要与其他国家携手，共同推动全球公共产品的均质化服务，不断推动构建人类命运共同体。

四、结语

作为一个发展中大国，中国的崛起必然要冲击现有国际权力格局和利益格局，给国际体系带来巨大震撼。[1] 未来相当长一段时期，中国的发展都将在阻力中前行，对此既要抓住机遇、积极作为，又要量力而行、避免冒进。把握战略机遇期，既要加强战略预案储备，又要提升对于重大突发性危机的战略化解能力，同时增进决策的科学性和战略性以及迅速有效的纠错能力。在危机和乱局中，要避免犯战略性、颠覆性错误。在发展上升期，要

---

〔1〕　胡键:《中国和平发展道路:历史逻辑、基本经验、未来前景》,载《探索与争鸣》,2013 年第 7 期,第 38—43 页。

客观看待战略真空下的战略诱惑，避免战略冒进。面对大发展、大变革、大调整的历史时期，要避免大冲突，强化战略研判与预判，谋求乱中有序、乱中有度，在变局中把握住、把握好有利态势和发展局面。

第四章

中国特色大国外交：
挑战、应对与战略选择

党的十八大以来，中国特色大国外交成就显著，新理念的提出、战略布局的实施、诸多新型合作平台的发展都取得了引人注目的成果。积极有为、创新进取、合作共赢的实践深入人心，中国国家形象、国际影响力得到有力提升，在国际社会中赢得广泛赞誉。在取得成绩的同时，我们也要冷静清醒地看到，中国未来的发展仍然任重道远，面临各种艰难险阻与挑战，必须以更加高远的境界、更加拼搏的勇气、更坚韧的战略耐心和持之以恒的努力才能够不断化危为安、化险为夷，走向中国复兴的通途。

一、中国特色大国外交必须直面挑战与问题

第一，如何破解现有体制的束缚。现有体制对于发展中国家和新兴市场国家存在不合理、不公正之处，对于中国这样体量的

大国也存在不公平之处。中国需要与多数国家一道不断变革与完善现有国际体制，增强议题设置和规则制定能力，提升国际话语权。在这一过程中，必然与传统守成大国和既得利益集团出现竞争、冲突和较量，这是不容回避的现实。在现有体制的大框架下，不断探索和创设新的发展与合作空间，与其他国家一道推进构建更加公正公平的国际新秩序是中国特色大国外交面临的重大课题。

第二，如何有效化解误解与敌意。中国越接近中国复兴的关键时刻，面临的竞争与阻力就越大。中国的复兴和发展进程将可能长期面临各种各样的疑虑、排挤和打压，甚至在特定时期或特定事件中对中国的遏制与敌意。中国将长期面临增信释疑的艰巨工作，必须在与他国交往的过程中从机制上解决好避免或减少战略误判的问题。战略误判的风险既存在于大国与小国之间，也存在于大国之间，误判的发展往往与危机的突变相联系。中国也面临一些国家基于现实主义权力政治逻辑对中国未来发展的战略敌意问题，这一问题解决难度很大。在未来的一段时间内，关键是让这种敌意不至于引发更大的危机。

第三，如何进一步提升影响力。应该说中国影响力的范围在不断扩大，除了在传统国际机制包括联合国框架的五常影响力之外，中国在越来越多的国际组织和国际机构中发挥着更大作用。中国正积极强化和提升已有平台，搭建各种新平台，通过大量的多边平台对国际社会的安全、发展作出贡献。过去这些年中国的国际影响力不断提升，不断释放正能量，提供新动力，但是也会出现影响力发展的瓶颈和各种因素的限制。中国未来国际影响力和国际地位的提升需继续通过合理、渐进、有效的方式展开。

第四，如何提出被大多数国家认可的更先进的规则和更高的标准。中国的发展受到发展阶段性的限制，提出更好更具有引领性的规则和标准，需要有对发展变化趋势和方向的准确把握，要有前瞻性和超前性，关键是能够针对紧迫的关乎大多数国家发展和切身利益的问题提出具有正义性、合理性、可行性的解决方案。

第五，如何承担更大责任。面对不公平合理的国际秩序，面对责任赤字、治理赤字、逆全球化动向、贸易保护主义以及人类共同的安全问题，中国必须承担更大责任。但如何承担更大责任、承担哪些责任将是中国特色大国外交的新课题。在承担责任的问题上，中国不能像有些国家那样滥权，也不能滥责。要保持警觉，抵制诱惑，避免落入责任陷阱。所有这些都要求实现战略资源调配与转化、战略能力提升和发展、战略实施落实到位。

二、中国特色大国外交应对挑战的思路

中国外交正在经历转型，正从主要为经济服务转向为发展与安全服务。发展本身的概念在转变，不仅指经济发展，而同时指综合国力的发展。发展的概念更为综合，既包括国际影响力的扩大、国际地位的提升，同时也指发展安全，即发展所需要的内外

部安全环境的保障与改善，主权安全与发展安全的高度统一。

要实现中国特色大国战略目标，实现影响力最大化，就要把经济上的优势转变为安全上的优势。实力转变首先要提升解决问题的能力，将后发优势转变为领先优势。要加快战略转化的时间周期，优化资源利用的布局和组合，提升资源转化的效率。

（一）妥善解决中国和平发展过程中的安全难题与发展难题

中国的和平发展面临着一系列的两难挑战。一是安全难题。中国需要和平发展，同时国家安全也面临着国家主权和领土纠纷的挑战。二是发展难题。中国国内经济需要升级换代，经济驱动力不足，同时中国又面临需要为不断拓展的海外利益保驾护航的任务；中国国内经济实力增长放缓，经济发展模式处于转型期，同时中国急需依靠经济实力为扩大国际影响力提供物质支撑。以上构成了中国的安全和发展两难问题，存在全球不断深化的相互依存与中国加强战略自主性之间的矛盾、中国"大国责任论"与中国发展中国家地位和实力之间的矛盾。两个问题构成的两大难题需要进一步化解。

（二）妥善解决外交能力的有限性与国际影响力需要不断提升之间的矛盾

中国综合实力有了极大提升，但转化为国际影响力的进程相对滞后。中国仍是一个发展中国家，国内经济面临转型。同时，中国需要在"五位一体"总体布局和"四个全面"战略布局的指导下，进一步推动全面深化改革，进一步推动金融体系现代化、工业体系国际化和科技化，但现有外交资源和外交能力都面临不足。因此，需要从机制和人员布局方面强化制度改革，不断缩小能力有限性和影响力需要加大之间的矛盾，协调和平衡好各类需求之间的关系，确立战略优先和集中领域，调动和激活各种资源，促进中国实力向国际影响力的有效转化。

（三）探索如何协调中国"多重身份"与国际体系的互动关系

中国不是现有国际体系的反对者，而是积极参与者，是愿与其他国家一道为完善国际体系而不断努力的建设者。目前，中国的实力与其在国际体系中的地位是不相称的。国际社会强调中国责任，而中国则希望国际社会实现权责平衡。中国面临角色与身份的转变，由被动适应者向积极应变者转变。中国的发展已经成为国际体系变迁的动力，中国需要明确作为国际体系的积极参与者和渐进改革者的角色定位，与其他国家一道促成既有利益格局与观念分布的良性调整，推动国际体系的完善。

简而言之，要把握大势，推动经济全球化背景下各国更加密切的相互依存。注重联通，强调互联互通而不是分割阻断。突出发展创新，以超越传统权力政治的新思路、新方式，发挥创造性、主动性，追求良性互动、相互塑造，达成更大的战略覆盖。

中国特色大国外交的基本原则是分享而不是独霸权力，共赢而不是独占，结伴而不是结盟，一体化而不是分割化，国际政治民主化而不是国际政治权力化。

中国特色大国外交最重要的战略目标是要推动构建人类命运共同体。人类命运共同体的前期准备需要三个过程：从国家间深度相互依存，到形成国家间制度兼容的联合体，最后是实现人类命运共同体。因此，当前的任务首先是要加深相互依存，推动伙伴关系联合体的形成，从而为人类命运共同体的实现打下坚实的基础。"一带一路"、金砖机制都是实现人类命运共同体的重大尝试。人类命运共同体需要解决的问题之一是人类命运与国家利益的协调，坚持反对特权论和例外论，强调共建与共享。

总体而言，中国特色大国外交的根本目的就是为实现中华民族伟大复兴的中国梦、实现第二个百年奋斗目标营造良好外部环境，推动地区和国际机制的建设，推动公正均衡的国际秩序的发展与完善。构建新型大国伙伴关系和协作伙伴关系，发展软实力，在包容互鉴的精神指导下，倡导尊重世界文明多样性，推动人类思想的灿烂繁荣。勇于承担大国责任，为世界的繁荣与稳定作出重大贡献。

三、中国特色大国外交的战略路径选择

中国特色大国外交所面临的根本性问题是和平与发展，而在现阶段这一根本性问题的具体体现是安全与发展。有和平不一定

有安全。和平是针对战争而言，而安全则涉及包括和平时期在内的一系列影响发展的因素。安全是发展的前提，发展是安全的保障，安全和发展要同步推进，两者缺一不可。中国特色大国外交战略在总体复兴战略指导下进入了关键阶段。国际格局处于转型期，中国外交也处于新的转型期，处于量变积累即将进入质变的阶段，处于关键性的提升期，也是由区域向全球范围拓展的初期，但总体态势仍是转型而不是转折。中国在这一特殊转型期的战略选择需注意以下几点：

第一，重势。"势"这一概念基于深厚的东方传统文化和战略思维。未来的中国要顺势而为，而不是逆势而为。不仅要顺势，而且要谋势造势。中国特色大国外交主动进取、谋势塑局的特点十分突出。中国谋势的境界和方式棋高一招。2021 年、2022年和 2023 年，习近平主席基于对人类前途命运的思考，相继提出了全球发展倡议、全球安全倡议和全球文明倡议。这是习近平主席基于国际形势出现的新变化新挑战新问题，为破解"四个赤字"提出的根本解决方案，为推动构建人类命运共同体提供了重要战略支撑。

第二，强调引领和创新。世界经济复苏缓慢，经济全球化陷入新一轮调整，全球治理困难重重，安全挑战层出不穷，多重问题交织叠加。现有的国际体制、旧有的发展模式和治理理念面临更新与变革。大量世界性的难题和挑战需要改革与创新来加以应对与破解。习近平主席在瑞士达沃斯世界经济论坛等国际平台的系列讲话，强调信心、创新与合作，扩大了国际影响，提升了世界意义，引领了国际经济的方向。中国在一系列主客场外交活动以及几乎所有国际组织中不断提出新方案新议题，体现新能力，这正是中国特色大国外交的活力所在和影响力源泉。

第三，立足于群体性崛起。不搞一枝独秀。只有避免孤独发展，才能造就可持续的长久繁荣。中国新一轮改革开放是更多面向发展中国家，由过去的"请进来"到现在的"走出去"，目的是要推动国际社会均衡协调发展，带动发展中国家群体性崛起，实现发展中国家由独立自主向着联合自强的方向转变。

第四，构建新型合作伙伴关系。一是强调互利共赢。要破解现实主义国际关系理论强调的"国家是利己和自行其是的"这一定论。中国的发展目标不是独占，而是共赢多赢，与多数国家一道共同致富。互利共赢实际上关系到平衡好短期利益和长远利益，从而保障可持续发展的战略性议题。要突出强调正确的义利观，协调好共赢中的让利以及赢多赢少的新课题。在"一带一路"倡议推进和对外援助中要解决好授人以渔，而不是授人以鱼的问题。要能够规划好处于优势地位时的分享和共享的难题。这个问题解决好，才能真正消除所谓"中国威胁论"的舆论根源。二是强调大小国家一律平等。这是中国传统外交的法宝，在新时期仍然有其重要的生命力。大小国家一律平等也应该成为中国特色大国外交的独特内涵与鲜明特征之一，失去了这一点，中国特色大国外交就少了一个重要因素。中国是大国，但不同于其他大国，中国是发展中国家中的大国。这一定位决定了中国特色大国外交的性质和属性是不同的。中国作为发展中大国的这一国家定位不能忘、不能丢。历史上其他大国鲜有能处理好大小国家关系的，要么是大国沙文主义，要么是霸权主义。中国在处理这一问题上一定要有鲜明的不同，无论发展到什么阶段都不能滋生暴发户心态、不能耍大牌、嫌贫爱富，对于小国的态度是决定中国特色大国外交成败的关键所在。过去的中国大而弱，这个问题不那么突出，现在大而强的中国更加需要保持谦虚有度、平等公道、匡扶正义的形象。在处理国家间关系时，不因一国小而轻视它，也不因一国大而敌视它。无论大小贫富都能够不卑不亢，一视同仁。要扶弱合强，与发展中国家共同发展。要变以往大国的以大欺小、以强凌弱为扶小合大、协调发展。

第五，团结一切可以团结的力量。凝聚发展共识，共促合作大局。不搞拉帮结派，不划分势力范围。本着良好的意愿，全方位发展与所有国家的关系。以和合为贵，不使矛盾外溢，不因危机失控。发挥好大国协调、战略伙伴、结伴而不结盟的作用。

第六，把握对外依存度与战略自主性的关系。中国是一个完全独立地判断世界事务和是非曲直的国家，也是与世界密不可分的国家。中国还将面向世界继续开放、发展海外市场、投资国际社会，这又需要避免受到国际市场的不确定性因素和系统性风险的干扰，解决好国内国际两个大局的协同问题。从战略态势上讲，中国不仅要坚持战略自主性，更要发挥好战略主动性。我们的布局要更加宏大，举措更加得力。

第七，树立正确的大国心态。中国作为大国，是人类和平和世界发展的建设性力量，一定要有所作为，对世界作出更大贡献。新中国成立初期，毛泽东就说，因为中国是一个具有 960 万平方公里土地和 6 亿人口的国家，中国应当对人类有较大的贡献。邓小平说，中国再强大一些，世界和平更有保障一些，强调中国是世界上一支和平的力量。未来的中国将成为推动世界公平发展的支撑性力量。中国更强大一些，人类的安全与繁荣就更有保障一些。在中国特色大国外交的时代，有胸怀、有担当、有境界、重大局成了中国标志。中国的大国心态将更加理性、更有气度、更有远见。仅计较小利的国家不是大国，仅从自身利益出发不考虑整体利益的国家不是大国。遵约守信、言行一致、知行合一的中国将自豪地立于世界民族之林。

第八，要在国际安全领域发挥独特作用。过去几十年，中国对于国际经济的贡献有目共睹，在国际安全领域发挥着独特的重要作用。中国是联合国安理会常任理事国中派出维和部队最多的国家，也是发展中国家中缴纳维和经费最多的国家。在未来国际危机和周边热点的解决过程中，中国将不仅扮演协调者，还要推进问题和危机的解决。既有中国协调，也有中国方案，既体现责任，也推进落实。在危机解决的进程中发挥积极的、独特的、甚至是不可替代的作用，在安全机制、危机管控预防和人类共同的非传统安全议题中贡献更多中国思想和中国元素，体现出更强的中国责任。

第九，对中国特色大国外交更有信心。中国有长期的历史积淀，漫长的历史纵深度。西方国际关系理论三大流派出现了解释困境，需要审视和批判性看待。东方的理念和东方的思维可以发挥更大的作用，基于东方理念的创新有很大的发展空间。

未来的中国特色大国外交，随着国力的增强，将拥有更多可调动的战略资源，合理恰当运用中国的战略资源推动国际格局的转变十分重要。要突出战略制衡能力，强化主动进取，预防冒进与战略透支的可能风险，实现全方位布局。中国的崛起是一个发展中大国的崛起，也是一个非西方国家大国的崛起，无论国际社会是否关注到这一点，中国自身都应慎重对待。这是因为，中国作为一个大国的崛起，必然要冲击既有的国际权力格局和利益格局，给国际体系带来巨大的震撼。中国正处于力量发展的壮大期，进入发展期的提升阶段，必须采取更加积极有为的战略。实力的壮大要求能力的提升，要求把实力转化为战略实施能力。只有从战略上运筹这些能力才能有效地把握好发展机遇，实现新阶段的目标。

第五章

责任转移视域下的全球化转型
与中国战略选择

　　全球化是经济、政治、文化与社会交往不断向着一体化与同质化发展的过程，[1] 但全球化的发展并非一个从低级阶段向高级阶段持续进化的线性过程，而是在各种力量相互影响、相互作用下不断转型的"布朗运动"。[2] 所谓全球化转型，是指全球化进程在并未中断或停止的情况下，出现了结构分布、覆盖范围、参与方的参与程度，以及整体运行态势上的阶段性转变。从历史

---

〔1〕　戴维·赫尔德著，杨雪冬等译，《全球大变革：全球化时代的政治经济与文化》，北京：社会科学文献出版社，2001 年版，第 2 页；Takis Fotopoulos，"Glo-Balisation, the Reformist Left and the Anti‑Globalisation 'Movement'"，*Democracy & Nature*，Vol. 7, No. 2，2001，pp. 233‑280.

〔2〕　Tang Shiping，*The Social Evolution of International Politics*，Oxford：Oxford University Press，2013；秦亚青：《世界秩序刍议》，载《世界经济与政治》，2017 年第 6 期，第 11—12 页。另注："布朗运动"（Brownian Movement）即微小粒子在流体中所表现出的无法预测的无规则运动。

上看，全球化经历多次转型和调整，既有拿破仑时期的大陆封锁，也有英帝国霸权下的高速推进；既有美苏两极格局下的平行市场，也有美国单极主导下的全面扩容。

自 2008 年全球金融危机以来，全球化再次进入转型期。全球化的主要推动力量出现了分化和调整，新兴市场国家成为积极的参与者和推动力量，而包括美国在内的主要发达国家采取封闭和保护主义的政策，使得全球化从全面扩容转向了局部收缩。与以往发展中国家拒绝或消极参与造成的全球化局部收缩不同，此次全球化转型主要表现为发达国家有保留地参与。近代以来，传统发达国家，特别是霸权国，一直是经济全球化的重要引领者与拥护方。作为技术引领、制度设计与公共产品的主要供给者，他们对全球化的态度转变会令全球化发展呈现出极大的不确定性，而这必将带来责任转移的问题。

有鉴于此，本章试图从国际关系责任转移理论的视角，观察本轮全球化转型的主要特征和发展趋势，以期为中国应对全球化转型提供新的思考路径。

一、责任转移的理论界定

责任转移是霸权国应对衰落的重要手段，也是霸权护持的方式之一。

西方既有理论对霸权国如何维护长久霸权有深入的研究。例如，罗伯特·吉尔平在《世界政治中的战争与变革》一书中强调减少责任和承诺是霸权国应对衰落的首要战略之一。[1] 查尔斯·金德尔伯格在《世界经济霸权：1500—1990》一书中论述了英国在 20 世纪二三十年代为支撑自由开放的世界经济体系而过度消耗自身国力，最终导致自身实力不能支撑开放的世界经济体系的局面。[2] 新古典现实主义代表人物之一法里德·扎卡利亚在《后美国世界：大国崛起的经济新秩序时代》一书中为美国应对霸权衰落开出药方，第一条就是避免在不必要或不明智的海外利益上牵涉过多精力和财力。[3] 这其实就是主张处于衰落中的霸权国从原有的责任或利益主张立场上后退，也就是减少责任或承诺的战略行为。此外，保罗·肯尼迪在《大国的兴衰》中归纳的成本与收益决定大国发展走势的理论也对霸权护持问题给予了深刻分析。[4] 该理论关注了权力、成本、收益与霸权的关系。乔万尼·阿瑞吉在《现代世界体系的混沌与治理》一书中亦指出，原有的霸权秩序之所以走向危机，主要是因为衰落的霸权不愿意调整和容纳新兴力量，竭力巩固自己的优势，结果走向金融扩张的剥削

---

〔1〕 罗伯特·吉尔平著，宋新宁等译：《世界政治中的战争与变革》，上海：上海人民出版社，2007 年版，第 193—195 页。

〔2〕 查尔斯·P. 金德尔伯格著，高祖贵译：《世界经济霸权：1500—1990》，北京：商务印书馆，2003 年版，第 63—64、217—218 页。

〔3〕 法里德·扎卡利亚著，赵广成等译：《后美国世界：大国崛起的经济新秩序时代》，北京：中信出版社，2009 年版，第 228—231 页。

〔4〕 保罗·肯尼迪著，王保存等译：《大国的兴衰》（上），北京：中信出版社，2013 年，第 XII—XIX 页。

性霸权道路，反而导致衰落。[1] 该理论提出了霸权衰落之时霸权国如何处理与新兴市场国家关系的问题。总体上看，既有理论主要从权力角度探讨霸权护持，提出了责任问题，但并无专门论述。基于此，本节试从责任角度探讨霸权国对权力衰落的应对。

（一）责任转移的内涵与逻辑

所谓责任转移，是指霸权国为了避免霸权丧失、固化原有权利分配格局，有选择地减少甚至规避应尽的国际义务和应作出的国际贡献，将责任向新兴市场国家转移的现象。责任包含两部分内容，一是指大国在维持国际秩序稳定、维护国际机制平稳运行及制止国际不法行为方面应尽的义务和应作出的贡献，二是指国际法主体对自身的国际不法行为应承担的法律后果。

责任转移并不一定以权力转移为前提，但权力转移会催生和加快责任转移的步伐。责任转移可能伴随权力转移的各个阶段，尤其是在权力转移初期和中期，由于霸权国积聚权力增量的能力相对下降，尚具备权力优势的霸权国普遍倾向于通过责任转移手段避免权力存量流失。具体来讲，责任转移对霸权护持的价值体现为成本与收益两个层面。从成本层面分析，它不仅可以减缓霸权国因战略负担导致的权力流失速率，还可以通过迫使新兴市场国家增加公共开

---

〔1〕 乔万尼·阿瑞吉、贝弗里·西尔弗著，王宇洁译：《现代世界体系的混沌与治理》，北京：三联书店，2003 年版，第 314—315 页；陈学明主编：《20 世纪西方马克思主义哲学历程》（第二卷），天津：天津人民出版社，2013 年版，第 358—359 页。

支而提高后者发展成本。从收益层面分析，它将利用新旧大国在全球化中的非对称依存关系，通过诱发权利、能力与责任三者的非相合性矛盾，对全球化发展与全球治理进程产生负面冲击，进而滞缓新兴市场国家在经济全球化中的发展进程。

如果说权力转移理论讨论的是新兴市场国家不断谋取权力有可能带来的挑战，那么责任转移理论关注的则是霸权国为了避免权力转移潜在风险与后果而倾向于采取的霸权护持手段。一方面，由于霸权国与新兴市场国家之间难以通过军事围堵、遏制或战争方式实现权力更迭，责任转移遂成为霸权国推高新兴市场国家发展成本或诱导其滑入责任陷阱的重要手段。另一方面，在责任转移过程中，通过对权利与责任进行切割，霸权国刻意回避权利让渡，并希望固化原有权利分配格局。由此产生的权利与责任的非相合性矛盾构成了霸权国与新兴市场国家在国际格局转型期的主要矛盾，并直接对经济全球化产生消极影响。

对于霸权国而言，当体系内出现依靠既有体制高速发展的新兴市场国家时，其责任转移的意愿将更加强烈。保罗·肯尼迪认为，如果一个国家在战略上过度延伸，它就要冒一种风险：战略延伸得到的潜在好处很可能被它付出的巨大代价所抵消；如果这个国家处于经济衰退期，这种困境将变得更加严重。[1] 克里斯

---

[1] 保罗·肯尼迪著，王保存等译：《大国的兴衰》（上），北京：中信出版社，2013年，第 XII—XIX 页。

托弗·莱恩也认为，如果不能阻止新兴市场国家的崛起，那么只有推行责任转移而非有限的责任分享，才能够使霸权国避免落入近代国际关系史中霸权国迅速衰落的命运。[1]

责任转移本质上不是一种改变自身弱势的战略思维，而是一种削弱对手优势的战略思维。具体而言，即通过构造并激化体系变量间的非相合性矛盾，破坏现有国际机制的有效运行态势，进而降低现有机制下最大获益方的发展速率。霸权国积极推动的全球化转型就是促使全球化从"国际广泛合作和多边规范"向"责任分配困境和单边规范"的局部化转变。这种战略逻辑意味着，只要责任转移带来的局部化转型及其引发的出口降低与投资下滑能够对战略资源匮乏、应对能力有限的发展中国家造成更严重冲击，那么这种抵消优势的战略对于其维护霸权就是有效的。

当然，霸权国在推卸责任的同时，也存在战略担忧，即由于推责过当而导致权利的丧失。因此，霸权国往往需要将责任与权利进行切割，即保留权利、减少责任，出让那些与自身利益关联度不强、但又可能付出较高成本的责任，比如减少预算或严格控制预算、减少海外军事存在等，而新兴市场国家无疑是成本转嫁的主要对象。具体而言，霸权国虽然有令盟国分担更多费用的要求，但依然要考虑在责任分担或转移过程中的责任和权利的一致

---

〔1〕 Christopher Layne, "Offshore Balancing Revisited", *The Washington Quarterly*, Vol. 25, No. 2, 2002, pp. 233-248.

性。而对于非盟国或所谓挑战国，霸权国在转移责任的同时则不愿让渡相应的权利。

霸权国卸责不让权必然会导致责任赤字而权利盈余的非相合性矛盾。正是在责任转移进程中这一类矛盾的此消彼长反过来又进一步推动了全球化形态的不断转化。如表1所示，以权利与责任的内在相合性作为考察变量可以发现，相合性程度越高就越有利于经济全球化的发展和国际体系的稳定。反之，则会带来相反的结果。

表1　新兴市场国家与霸权国权责关系

霸权国	新兴市场国家			
	担责+占权	担责+无权	卸责+占权	卸责+无权
担责+固权	相合性 权利的 零和矛盾	非相合性 与新兴市场 国家合理 预期不符	非相合性 与霸权国 预期不符	相合性 治理不足
担责+分权	相合性最高 责任共担、 权利分享	不存在	非相合性 与霸权国 预期不符	不存在
卸责+固权	非相合性 新旧大国矛盾	非相合性 与新兴市场 国家合理 预期不符	相合性 责任真空、 权利争夺	非相合性 责任真空
卸责+分权	相合性 治理不足	不存在	不存在	不存在

（二）责任转移的结果

责任转移从结果上可以分为全面卸责、部分卸责和责任共担三种情况。具体来讲，全面卸责是霸权国全面转移责任的现象；部分卸责是霸权国在推卸责任的同时，为维系其角色地位和国际影响，不愿放弃某些与权利、利益密切相关的责任的做法；责任共担是霸权国与新兴市场国家在合法的多边制度框架下，根据各自的现实国力，通过谈判协商合理、公正地协调和分配权利与义务的做法。

在权力转移的不同阶段，可能伴随责任转移的不同情况。如前所述，对于霸权国而言，在权力转移的初期实行责任转移往往最有利。这样做不仅有助于迅速释放自身的战略负担，而且由于权力的天平明显倾向于霸权国，它们在非对称相互依存的条件下有充足的资源对冲全球化转型给自身带来的短期负面影响。而新兴市场国家在此过程中面临的冲击将增加霸权国的相对优势。在权力转移中期，霸权国进行责任转移的迫切性增强。霸权国因推责、卸责造成的战略收益可能略高于其成本，但由于战略僵持阶段双方能力接近，这一时期推行责任转移将面临新兴市场国家的制衡反应。霸权国此时推动责任转移，虽然可能在某种程度上有利于新兴市场国家通过责任担当趁势而起，扩大影响力，但相比责任真空可能引发的混乱和造成的根本性衰落风险，责任分担仍然是有利的，在一定程度上也是可控的。在权力转移后期，霸权国则会因力所不逮，而不得不实行责任转移。新旧大国间的责任转移更多是基于能力与责任相合性的水到渠成。比较而言，对处于权力转移中期的霸权国而言，责任共担虽为次优解，但从风险-收益角度讲则相对有利。

从新兴市场国家角度分析，在权力转移初期，如果霸权国保留责任，那么对于能力尚且不足的新兴市场国家来讲，融入和利用现有体制可以实现低成本的快速崛起。这种情况也被视为新兴市场国家最佳战略机遇期。但是，到了权力转移中期，如果霸权国不再愿意与新兴市场国家分享红利，非相合性矛盾将导致新兴市场国家在体系中面临责任转移的巨大压力。鉴于新兴市场国家在崛起进程中一定会产生符合自身情况的获益模式与利益诉求，如果不能将这种获益模式转变成国际社会认可的规范规则，其利益诉求的稳定性与正当性就无法得到扩大和保障。但在这一阶段，由于新兴市场国家已经具备了一定程度对冲全球化转型风险的能力，因此，如果新兴市场国家能够顶住压力，并顺势承接与自身国力相符的国际责任，不仅有助于全球化与全球治理的良性发展，也有助于弥补自身软权力的短板。在权力转移后期，霸权国虽然希望推卸与权利非相合的责任，但在实际操作层面却有可能不得不在一定阶段内出让与重大利益关切相关的责任，从而在一定程度上导致自身权利丧失。因此，在权力转移中期和后期亦可能出现责任共担与权利共享的新局面。这既可以避免霸权国由于盲目推卸责任导致责任真空与治理赤字，也可以使新兴市场国家能够有效承担力所能及的责任。因此，责任共担将是一种对守成方与崛起方均较为有益的结果。

二、责任转移与全球化转型

本轮全球化转型的时代背景之一就是西方理论所强调的权力转移，即美国霸权相对衰落，而以中国为代表的新兴市场国家群体崛起。为了应对权力转移的风险，霸权国在这个阶段强化责任转移，造成全球化转型与责任转移相伴而行。霸权国推动全球化的目的在于不断拓展自身利益，保持在全球化进程中的有利地位。当全球化的发展进程出现了非其所愿的结果，即霸权国无法在全球化进程中实现利益最大化而新兴市场国家利益却有了合理发展的时候，霸权国则开始试图改变和修正全球化的政策。其中最为重要的就是既要保持原有地位，又要放弃不利于其收益的责任，甚至不惜改变和阻止原有的全球化发展方向态势，实现阻止或中断不利于传统发达国家初衷的全球化的目的。因此，虽然责任转移并不必然与全球化转型相关，但本轮全球化转型却与霸权国的责任转移构成了因果关系。可以说，责任转移是本轮全球化转型的重要推手之一。

基于此，本轮全球化转型显示出两个突出特征：一是传统发达国家与新兴市场国家在全球化中的位置转换，即新兴市场国家从全球化的被动参与者成为全球化的主要倡导者和积极推动者，而传统发达国家尤其是霸权国，则由全球化的推动者变成了消极抵制和阻碍者。二是经济全球化由全面扩容转向局部收缩。在这一背景下，霸权国的责任转移无疑将进一步阻碍全球化的扩展与深化，并导致新一轮全球化力量的重新组合。目前，霸权国在全球化问题上至少表现出以下两个倾向。

第一，贸易保护主义的"隔离"。霸权国以绿色壁垒、气候壁垒、人权壁垒等名义升级贸易门槛，充分利用其在全球贸易体系中的制度性话语权优势与大宗商品的定价权优势来固化机会垄断。同时，放弃世界经济体系原有的多边大集团互动模式，转而通过各种名义的贸易壁垒培养局限于发达国家内部的双边小集团互动模式。这种"隔离"直接造成了全球贸易增长低迷。此外，民粹主义的兴起使霸权国愈发倾向于与现有的全球化模式进行"隔离"。

第二，制造责任真空。霸权国在全球性事务中不再坚持大国担当与国际责任，而是倾向于重新转向孤立主义来制造责任真空。事实上，2008 年全球金融危机以来，霸权国逐步强化了推动责任转移的力度，这无疑会增加新兴市场国家参与经济全球化的门槛和成本。尤其在权力转移初期，霸权国在全球治理问题上的不作为，不仅会导致现有机制无法正常有效运行，还会导致全球化中许多新问题和新领域面临治理真空的局面。比如，自 2008 年全球金融危机爆发以来，美国外交政策便开始出现孤立主义回潮倾向，即为了避免美国海外承诺可能出现的战略过载而主动进行战略收缩，或通过构造责任真空与治理缺位加剧全球化的风险。这种战略调整表明美国在国际事务中更加倾向于按照国家利益采取单边主义行动，而忽视人类整体的长远发展与互惠合作。

基于霸权国的上述倾向，全球化转型至少面临以下两种风险。第一种风险在于，霸权国推行责任转移，导致新兴市场国家不愿也无力在短期内承接霸权国的国际责任，在国际无政府状态下，可能因集体行动逻辑困境造成"金德尔伯格陷阱"。[1] 第二种风险在于，面对霸权国推行责任转移，新兴市场国家在短期内承接了远超过其自身能力的国际责任而引发国力透支。这种因错误估计自身实力而引发的战略失当，可能造成新兴市场国家在责任转移中面临滑入责任陷阱的风险。

当然，霸权国的全面卸责和新兴市场国家全面担责仅可被视为责任转移进程中可能存在的一种理论假设。其一，霸权国不可能放弃所有责任，而仅仅是减少那些在国家利益排序中并非十分重要的责任，如表 2 所示；其二，新兴市场国家也不可能无条件承担其所无力承担的所有责任。这就可能带来责任共担的冲突与摩擦。典型案例是气候治理的责任。长期以来，美国经历了自身发展高峰期的大量减排之后，要求处于不同发展阶段的其他国家承担与之相同的减排责任。而当发展中国家承担这一责任后，美国却又试图推卸相关责任和义务。在国际政治实践中，新旧大国

---

〔1〕 Joseph S. Nye, "The Kindleberger Trap", https：//www. project - syndicate. org/commentary/trump - china - kindleberger - trap - by - joseph - s - - nye - 2017 - 01？ barrier = accessreg.

博弈的结果更可能出现的是在相互协调基础上的责任共担，但责任共担从来都不是可以自发实现的。

表 2　美国国家利益排序

美国国家利益	重要程序	责任承担
本土防御	生死攸关利益	全面担责
欧亚大陆间的深度和平	高度重要利益	部分卸责
波斯湾石油通道安全，原油价格稳定	高度重要利益	部分卸责
经济全球化，国际经济开放	重要利益	卸责
民主、人权问题	重要利益	卸责
气候治理	重要利益	全面卸责

资料来源：罗伯特·阿特著，郭树勇译：《美国大战略》，北京：北京大学出版社，2006 年版，第 57 页。

新兴市场国家虽然国力迅速提升，但庞大的人口基数导致其人均国内生产总值仍远低于发达国家。这就意味着新兴市场国家国力向全球影响力的转换效率偏低。同时，中低端产业结构与外向型经济模式也使得新兴市场国家在对冲全球化转型风险的问题上具有比发达国家更高的敏感性与脆弱性。因此，在责任转移过程中，新兴市场国家并不具备与霸权国对等的博弈筹码。如果霸权国拒绝承认多边主义的经济全球化国际准则，并通过责任转移在全球治理问题上积极构造责任真空，那么单凭新兴市场国家既无力承接全球治理的重担，也无法通过对霸权国的道义谴责与政治说教迫使其重新回到承担国际责任的轨道上来。只有当行为者将自己的决策调整到同样也适合其他行为者偏好时，或者当一国政府实施的政策被其他国家政府视作能够促进它们自身目标时，基于合作共赢的利益共同体才会出现。

具体而言，新兴市场国家与霸权国之间的根本分歧在于霸权国从霸权护持的逻辑出发，倾向于根据权利增量划分责任。而新兴市场国家从获取正当权利的需求出发，倾向于根据责任增量来确认权利。霸权国认为，无论是同自身历史的纵向比较，还是与同期的发达国家相比，新兴市场国家都是经济全球化机制框架下最大的受益者。因此，他们应当基于利益增量而承担更多的国际责任。与此相对，新兴市场国家认为，霸权国在推行责任转移的同时，却拒绝让渡相应的治理权利。

从现实主义角度出发，承认博弈筹码不平等基础上的合作共赢，而非平等互惠基础上的合作共赢，并积极推动带有选择性激励特征的担责让利，是新兴市场国家实现责任共担最现实和有效的路径。具体来讲，积极担责就是要积极分担与自身权利增量所占权重相符的国际责任。这将有助于实现一定程度和范围的责任共担，减缓和迟滞全球化向局部化演进的步伐。而增量转移主要分为国家层面的联系性支付和社会层面的补偿性支付两种。国家层面的联系性支付，即通过做大利益增量和扩大开放力度反哺全球市场；同时，深度利用国际体系的利益交互系统功能，在某项议程中给予其特定激励以换取对方在其他领域的合作。社会层面的补偿性支付，即以资本输出与海外投资的形式建立起全球产业转移背景下对霸权国受损利益群体的补偿机制。这样做的根本逻辑就是只有能够提供排他性有效副产品的大集团才会克服集体行动逻辑困境。[1] 只有这样才有可能与霸权国扩大利益共识，进而打开责任共担的新局面。

三、中国的战略选择

针对霸权国责任转移可能造成的全球公共产品供给匮乏及其对全球治理产生的冲击，中国至少应从以下四个方面斟酌应对。

第一，在权利与责任相合性较强的领域内，中国可以继续奉行建设性参与战略以争取责任共担。在权利与责任非相合但有助于人类发展的领域，中国应积极承担相应责任。

如在国际安全领域，由于霸权国需要更多大国的合作与协调，存在着分担责任的可能性和必要性。这就为包括中国在内的新兴市场国家在增加责任的同时谋求更大影响力提供了条件。而对于霸权国为了维护其权利而过当延揽的消极责任，则应通过多边机制加以限制和取缔，比如对发展中国家的种种错误干预、干

---

〔1〕 曼瑟尔·奥尔森著，陈郁等译：《集体行动的逻辑》，上海：上海人民出版社，1995 年版，第 38—41 页。

涉和在规则机制制定上的不合理责任安排等。鉴于构建新的制度框架可能造成新旧大国间在国际机制主导权问题上陷入更为激烈的竞争，同时，另起炉灶构建新的制度框架需要新兴市场国家承担高昂的沉淀成本，新兴市场国家应避免陷入务虚名而弃实利的窠臼。继续维护现有机制框架是有效实现责任共担而不是独揽不当责任的关键所在。这就意味着在可以实现责任共担的框架内，新兴市场国家的目标应该限定为在现有机制框架内获取更多的决策权和影响力，以开放的心态在现有机制平台下更多采取共建、共治、共担的做法。

另外，在跨国传染病防治、全球气候治理等公共治理领域，霸权国推卸责任和实施责任转移的意图日益明显。对此，中国可以量力而行，循序渐进，积极发挥更大的责任。鉴于联合国的公信力，其机制中的权利与责任往往有着高度一致的伴生性，以中国为代表的新兴市场国家亦可以通过积极参与而实现责任、权利和影响力的同步扩大。近年来，随着中国在联合国机制框架内积极承担国际责任，其在联合国大会、联合国教科文组织、世界卫生组织、联合国人权理事会等国际组织中正在获得更加有利的国际地位和影响力。

在责任与权利具有非相合性、霸权国急于转移责任的领域，中国可甄别考虑、主动承担。如美国采取经济保守主义，主动放弃了一部分"引领"经济全球化的责任。在此背景下，如果新兴市场国家能够承担起更大的国际责任，则有可能在现有的机制框架内积聚起更多的话语权和影响力，使之成为弥补新兴市场国家软实力短板的重要机遇。一旦以中国为代表的新兴市场国家在国际道义与物质实力两个层面实现同步提升，就可能产生基于物质实力、主导性观念，以及将物质实力与主导性观念相融合的制度话语三位一体的战略新势能。当然，对中国而言，承担责任的同时也应谋求更多的话语权、规则和议题设置权，使得经济全球化能够朝更加普惠、均衡的方向发展。

第二，在国际机制缺失与空白的新领域，或是权利与责任相合性不强且霸权国拒绝让渡相应权利的领域，中国可以通过创造性变革的"谋势"战略，通过构造平行补缺类机制框架扩展权利增量，再造相合性均衡。中国通过二十国集团、金砖国家平台及"一带一路"倡议，对现有全球治理体制机制形成有效的补充、丰富与完善。此外，中国倡导降低经济一体化准入门槛，这不仅使更多发展中国家参与并享受经济一体化成果，还将为霸权国留有谋求经济增长的包容性空间。

第三，为了推动经济全球化的进一步发展，中国可以通过分阶段取得实质性成果的"三步走"策略，逐步推进全球化的良性与转型发展。一是自我完善。深耕国内产业结构升级与经济体制改革，构建更加公正、开放、合作与共享的国内市场。在积极承担与本国发展水平相适应的大国责任基础上，为国际社会提供更大的消费市场与更高效的机制框架。二是由己惠人。通过"一带一路"、亚洲基础设施投资银行、金砖国家、上海合作组织、丝路基金等选择性激励方式优先支持与中国建立伙伴关系的国家和愿意一道推动全球化发展的国家。三是兼济天下。中国倡导的全球化是构建海纳百川、包容并蓄的人类命运共同体的全球化。中国及其伙伴国家将通过构建互利共赢的新型合作观来升级或重塑现有的国际秩序架构。中国模式并非适合所有国家和地区，但公平正义、彼此尊重与互利共赢的发展路径却符合所有国家的基本利益。中国可以通过联系性支付、补偿性激励、重塑国际体系权利与责任相合性等方式来展现新时代的大国外交。

第四，中国仍是世界上最大的发展中国家，中国在展现大国担当、推动责任共担的进程中应量力而行，要避免因战线过长、实力误判、承诺过多、重点分散等战略失当而滑入可能诱发战略透支的责任陷阱。

四、结语

责任转移现象将伴随新旧大国关系变化的整个进程。随着国际体系交往密度和交往力度日渐提升，全球化转型引发的系统效应将更具复杂性和多变性，值得未来进一步思考和探索。霸权国的责任转移会引发全球治理失序以及新兴市场国家与霸权国之间的经济战与贸易战，进而造成经济全球化发展的局部萎缩。在此背景下，中国若能够及时回应国际社会的重大期待，在外交上努力完成推动构建新型国际关系和推动构建人类命运共同体的两大历史性使命，则不仅能够彰显其当今国际秩序维护者的身份，也有助于破除霸权国长期从道义上对中国所谓"参与不足"的无端指责，更能够向国际社会展现中国为人类谋福祉的大国风范。

改革开放 40 余年来，中国的国家利益已经深嵌到全球化的每一项议程和机制之中。这就意味着中国自身的发展同经济全球化的发展相辅相成、息息相关、互为表里、休戚与共。为此，中国将同多数国家一道，重塑多边主义、促进互利共赢，推动经济全球化的可持续增长与包容性发展。通过积极提供责任共担的中国方案，避免全球化转型和责任转移所引发的治理真空局面的恶化，为确保经济全球化的深入发展、全球治理的责任共担，以及国际秩序的和平稳定贡献中国智慧。

第六章

中国特色大国外交：
新思路、新主张、新方案

一、人类命运共同体的理论意义与实践推动

人类命运共同体是党的十八大后提出的，在党的十九大和二十大中得到了充分强调。这是改革开放以来形成的和平合作外交的一种深度延续和升华。人类命运共同体回答了中国在变大变强之后要做什么的问题。党的十九大报告深刻阐释了"持久和平、普遍安全、共同繁荣、开放包容、清洁美丽"的人类命运共同体的美好蓝图。党的二十大报告强调，中国始终坚持维护世界和平、促进共同发展的外交政策宗旨，致力于推动构建人类命运共同体。人类命运共同体得到了许多国家的认同和支持，符合人类未来发展的远景目标。

人类命运共同体并非空中楼阁。它涉及国际机制、多边外

交、人类共同发展等一系列重大现实议题。其实践中包括体制机制建设的创新、传统国际组织的完善与变革、新型国际组织和国际机制的创立，以及有效推动经济全球化。过去这十年，中国实施共建"一带一路"、发起创办亚洲基础设施投资银行、设立丝路基金、参与和主办各类国际高峰论坛、为全球治理体系改革提供中国方案等，都为推动构建人类命运共同体开创了新局面、奠定了坚实基础，并为世界和平与发展作出新贡献。

中国传统文化中有"四海一家"的思想。近年来，国际格局变化更加复杂，人类面临的共同挑战越来越多，重大危机往往具有全局性影响。基于应对人类共同威胁和扩大共同利益的需要，中国适时提出了人类命运共同体的理念，并在一系列外交场合使用和丰富了这一理念，初步形成了具有中国特色的思想体系，即民生上的"命运共同体"、经济上的"利益共同体"、安全上的"责任共同体"。[1] 人类命运共同体的理念既是中国国际秩序观的重要集中体现，也是中国国际秩序观的延伸和发展。

中国提出的人类命运共同体理念比 1965 年成立的单纯强调经济一体化的欧共体更为丰富。它是指政治上互信、经济上互补、人文上互融的"三位一体"联合，符合历史大势，也是应对当前复杂国际局势的重要方式，是中国特色国际秩序观的充分体

---

〔1〕《"命运共同体"凝聚世界经济新增长点》，http://theory. gmw. cn/2015 - 03/25/content_15205113. htm。

现。中国提出构建人类命运共同体，意在同世界具有不同传统和观念的国家实现互联互通、建立合作、共同发展，其关键在于看到变、把握时、突出合、强调联、注重建，要行善立德、立规谋势、顺势塑局。

人类命运共同体主要内涵包括五个方面，即政治上讲信修睦、经济上合作共赢、安全上守望相助、文化上心心相印、对外关系上开放包容。这一战略构想不仅反映中国的利益诉求，更兼顾地区内国家的关切。[1]

（一）为什么要推动构建人类命运共同体

世界具有联系性和相关性，是一个整体。全球化和相互依存这两大因素使世界联系在一起，任何单一国家都无法在复杂国际局势中独善其身。只有相互帮扶才能共同发展，个人命运与国家命运息息相关，国家命运与地区和世界局势休戚与共。

人类命运共同体概念根植于世界相互联系的现实，也因此成为越来越多国家的共识。

首先，从经济上看，相互依存不仅指彼此互有需要，更是指各经济体在经济发展中的每一个环节都环环相扣、密不可分。许多国家都是国际生产链中的一个环节，是生产、贸易、金融、互

---

〔1〕 刘稚：《命运共同体视角下的"一带一路"建设》，载《光明日报》，2015 年 3 月 19 日，第 7 版。

联网密切相接的一部分。一个国家的订单影响着另一个国家的就业，一个国家的投资促进着另一个国家基础设施建设的发展，而一个国家的经济出现问题也会形成连锁反应，各人自扫门前雪、不管他人瓦上霜的做法最后会误人误己。只有同舟共济，才能共克时艰。实现利益共同体，即将共同体成员的利益捆绑在一起，实现真正的普遍利益增值。[1]

其次，从安全上看，一个国家的繁荣不可能建立在周边国家贫穷的基础上，一个国家的安全也不可能建立在周边国家不安全的基础上。一个国家的内部动荡会外溢到其他国家，比如有些国家内部发生战乱就会有大量难民涌向周边国家。周边稳，才能更好地发展。

人类命运共同体是利益共同体与安全共同体的总和。中国不再是孤立或封闭的国家，而是与世界联系在一起的国家。因此，中国必须与其他国家同呼吸、共患难，共同抵御外部风险和挑战。只有各国树立起人类命运共同体意识，才能够实现共同发展。

（二）推动构建人类命运共同体的理论价值

人类命运共同体是中国特色国际秩序观的充分体现。中国的国际秩序观是基于中国与其他国家一起倡导的和平共处五项原则

---

〔1〕《2015年博鳌论坛看什么》,http://www.ftchinese.com/story/001061218? page=2。

发展起来的。和平共处五项原则作为开放包容的国际法原则，集中体现了主权、正义、民主、法治的价值观。

和平共处五项原则回答了在充满差异的社会中、文明多元化的现实里和国家间不同利益的诉求下，各国如何共存的问题，以及在矛盾冲突多发频发的世界里，如何解决国家间矛盾的问题。人类命运共同体的思想是和平共处五项原则的延伸与发展。

人类命运共同体理念体现了东方智慧，东方智慧强调正确看待自我与他者的关系，强调平等相待，而不是高高在上、强加于人。由此可以延伸出与此相关的中国式利他主义、以德服人等。中国外交强调以共赢减少冲突，以协调强化和谐，这也是五项基本原则精神的体现。

互利共赢的核心是如何处理人与己的关系。国际政治的本质就是对自身、他者（其他国家）及自身与他者之间关系的思考。智慧之道在于在考虑自身利益时，还考虑他人利益。西方理论也讲互利，但实践上还是更多强调自己的国家利益。中国人特别重视了利己与利他的相对平衡对于可持续发展的深刻意义。利他思想发展的中国合作观，如薄来厚往、少取多予等都是大智慧，是谋长远之举。

利他思想使得我们特别强调相互依存、相互塑造、相互合作、相互帮持、相互映衬、相得益彰。在利他思想中，还有一种观点值得关注，那就是成全，即成人之美。这是中国重要的济世思想。从国际安全的角度来阐述，那就是共同安全，顾及他国的安全。中国的价值观特别强调互动性，强调关照、恰当、包容、周全。这些理念都体现在人类命运共同体的思想之中。

人类命运共同体强调权利与责任的互动、对等和一致，强调共同的责任与义务，而不是单方面要求或仅要求某一国改变，而是共同担当责任。

人类命运共同体特别突出一个"共"字，共存共处、共同发展。倡导共同的家园，强调同舟共济、休戚与共。人类拥有同一个梦想，就是和平。因此需要共同应对威胁，也就是非国别的非传统安全威胁，人类面临的共同威胁大于国家间彼此的威胁。发展问题远比单纯的生存安全问题更为紧迫严重。

人类命运共同体积极倡导共建、共赢、共享、共荣的理念，努力化解恶性冲突事件，推动大国关系和各类国家间关系向着和谐、和睦、协作的方向发展。人类命运共同体的重要意义在于强调共处，同时解答如何共处的问题。

首先，人类命运共同体代表非强制、非暴力原则下的和平共处。其次，人类命运共同体强调差异间共处共存，而不是强求一律。世界是多样化的，文明也是多元化的，不可能强求一律。最后，人类命运共同体是共同发展条件下的共处，即倡导新发展观，努力实现可持续发展、促进共同繁荣。

从根本上说，在人类命运共同体思想指导下的国际秩序观可以浓缩为"两化"：国际关系民主化和国际关系法治化。

国际关系民主化强调世界的命运必须由各国人民共同掌握，

世界上的事情应该由各国政府和人民共同商量来办。推动各方在国际关系中遵守国际法和公认的国际关系基本原则，用统一适用的规则来明是非、促和平、谋发展。适用法律不能有双重标准。我们应该共同维护国际法和国际秩序的权威性和严肃性，各国都应该依法行使权利，反对歪曲国际法，反对以"法治"之名行侵害他国正当权益、破坏和平稳定之实。[1]

(三) 如何推动构建人类命运共同体

1. 推动构建人类命运共同体，落实到国家间关系中要突出共同性、互动性、包容性、协调性

第一，共同性。一是强调共同的利益。发展是所有国家的第一要务。当前无论是发达国家还是发展中国家都面临着内部变革与结构转型的重任，虽然发展水平与发展程度各不相同，但发展是共同的目标。而要实现发展，就需要和平与稳定的国际环境，维护和平是所有国家共同的利益与责任。人类生存与发展是所有国家共同的利益。二是强调共同的威胁。人类面临着大量超越国别的共同威胁，尤其是人类这一整体的共同威胁，如气候变化、全球变暖、资源问题、流行疾病、网络安全等非传统安全，都绝非一国所能应对和解决。三是强调共同的责任。基于共同的利益

---

〔1〕《习近平在和平共处五项原则发表 60 周年纪念大会上的讲话（全文）》，http://news. xinhuanet. com/world/2014-06/28/c_1111364206. htm。

和共同的威胁，所有国家必须齐心合力，在人类命运共同体和休戚与共意识的指导下，承担共同但有区别的责任，解决人类面临的共同问题，推动人类社会的完善与进步。

第二，互动性。所谓合作共赢，是基于国际关系的基本属性之一互动性，以往一些大国很少考虑互动，而强调单一、单边、为我所用。而中国主张的互动性强调平等与相互尊重，强调利益共享。

第三，包容性。开放包容是中国特色大国外交的重要理念，也是中国处理各类矛盾纠纷的有效原则。战争与冲突根源在于人的思想，对于文明与各类不同事情的看法极大地影响着国与国之间的关系。

中国人的思维方式是一种包含、包容、溶化的思维方式，西方人则是超越、取代、取消的思维方式。中华文化博大精深的奥妙之一就是宽容与融合，具有海纳百川的气魄。充分尊重世界文化的多样性，以海纳百川、有容乃大、和而不同、兼容并蓄的理念加强文明对话，促进文化和谐。"万物并育而不相害，道并行而不相悖。"尊重文明多样性，推动不同文明交流对话、和平共处、和谐共生，不唯我独尊、贬低其他文明和民族。

包容是和谐的存在前提。和谐讲阴阳调和，琴瑟和谐。阴阳不仅可以共存，而且可以转化。和谐讲求政通人和，在周边国家关系中，人和大于利和。潘基文在连任联合国秘书长之时，引用中国古代哲学家老子"天之道，利而不害；圣人之道，为而不争"的名言，强调应将这种不朽的智慧应用到今天的工作中，在百家争鸣的思想中，找到行动上的统一性。[1]

第四，协调性。中国要成为建设性的协调者，在所有全球热点问题中发挥自身积极作用，只有这样才能推动人类命运共同体的建设。当今世界，中国不可能独善其身，只有世界好，中国才能好。在推动世界经济复苏、政治解决国际和地区热点、应对各种全球性问题和挑战等方面，中国都没有缺席。这是国际社会的希望，也是中国的责任。[2]

2. 推动构建人类命运共同体，要解决好几大关键问题

中国没有殖民地和势力范围，不结盟，发展模式与西方传统国家不同，如何推动构建人类命运共同体？这就需要处理好以下几个方面的问题。

第一，不干涉内政原则与发挥建设性影响。不干涉内政，但要发挥积极的建设性作用。在国际间相互依存不断加强的今天，很难"事不关己，高高挂起"。对于他国内政，中国应在合理、合法的基础上，通过对方可以接受的方式，加强沟通、分享形势信息、提出建议、提供合理支持、促进务实合作。要坚持正义的道德观，坚持原则底线，不以意识形态划线，但也决不助纣为

---

〔1〕《潘基文连任联合国秘书长，引老子名言发表演说》，http://news.sina.com.cn/w/2011-06-22/054222683510.shtml。

〔2〕《盘点 2014：中国外交丰收之年》，http://world.huanqiu.com/article/2014-12/5292314.html。

虐，更不同流合污。

第二，不结盟与合作伙伴关系。习近平主席提出了构建新型国际关系的前瞻性倡议，这一国家间关系原则能够从根本上解决当今国际关系的问题。也就是说要在坚持不结盟原则的前提下广交朋友，形成遍布全球的伙伴关系网络。对话而不对抗，结伴而不结盟。

构建伙伴关系是中国外交的一个特色。以结盟对抗为标志的冷战终结后，我们开始探索走出一条结伴而不结盟的新路。截至2022年，中国已同110多个国家和国际组织建立不同形式、不同程度的伙伴关系，基本覆盖了世界上主要国家和地区。

伙伴关系与军事同盟最大的区别是不设假想敌，不针对第三方，致力于以合作而非对抗的方式，以共赢而非零和的理念处理国与国关系。强调包容性，超越社会制度与意识形态的异同，最大限度地谋求共同利益与共同追求。

第三，非殖民化与新型区域合作。近代以来，中国深受殖民侵略之害。中国的发展不搞殖民主义，也不搞所谓"新殖民主义"。中国不谋求地区事务主导权，不经营势力范围。[1]

中国要以自身的壮大和发展造福人类。中国复兴不是成为霸权，而是成为一支和平的对人类作出重大贡献的积极力量，是一

---

〔1〕　刘振民：《坚持合作共赢 携手打造亚洲命运共同体》，载《国际问题研究》，2014年第2期。

支推动人类进步与发展的力量。中国推动自身与他国发展的方式是双赢、多赢、共赢的新理念，是推动区域经济一体化和基于地区现实复杂情况的新型区域合作。从最基础的互联互通和基础设施建设做起，实现做好做大区域整体，从而实现各方共同受益的目标。

3. 推动构建人类命运共同体的实施路径

按照人类命运共同体的目标设计，推动构建人类命运共同体需要三个阶段：实现深度相互依存；实现国家间制度兼容的联合体；实现人类命运共同体。

第一，人类命运共同体要从区域做起。亚洲国家间的共同利益远远超过分歧与矛盾。同时，亚洲国家在多年发展中积累了许多妥善处理分歧的经验，形成了一些有效机制，有助于化解分歧矛盾，形成共识。要充分吸取有益经验，发挥机制作用，为推动构建人类命运共同体提供基本保障。

第二，坚持相互尊重，平等相待。大小国家一律平等，大国对地区和世界的和平与发展承担更大责任，而非对地区和国际事务的更大垄断。彼此协商、共商大计，增强透明度、增进相互信任，共同维护亚洲来之不易的和平稳定局面和良好发展势头，反对干涉别国内政，反对为一己之私影响地区局势。

第三，强化多层次、多领域交流互动。据不完全统计，2013年以来，中国同东亚和南亚国家外长以上层级互访平均超过60次，双多边场合会谈会见几百场。截至2021年年底，中国在亚洲国家共开设 135 所孔子学院和 112 所孔子课堂。[1] 每年，中国同亚洲国家人员往来超过 3000 万人次。[2] 2018 年，外国人入境人数前 10 位的国家中有 8 个是亚洲国家。[3] 搭建高层互动、人文交流的多层次合作网络体系是实现一体化的必经之路。

第四，加强务实合作，取得切实成效。中国把握亚洲发展脉搏，找准地区国家的利益契合点，提出了共建"一带一路"倡议、中巴经济走廊、孟中印缅经济走廊、中国与东盟"2+7 合作框架"、亚洲基础设施投资银行等一系列重要倡议。中国同东盟国家商讨签署睦邻友好合作条约，打造中国-东盟自贸区升级版，实质性提升与东盟的合作。中国打造中国-南亚博览会合作平台，深化同南盟的务实合作。中国加快实施周边自贸战略，积极推进区域全面经济伙伴关系和中韩、中斯（斯里兰卡）、中蒙、中日韩自贸协定谈判。中国还与亚洲国家加强协调，共同探讨建设亚洲货币稳定体系、投融资合作体系和信用体系，促进地区经济融合，增强亚洲国家共同抵御外部风险挑战的能力。中国与亚洲国

---

〔1〕《孔子学院年度发展报告 2021》，https：//www. ci. cn/qkylxq？ file =/profile/upload/2023/04/18/%E5% AD% 94% E5% AD% 90% E5% AD% A6% E9% 99% A2% E5% B9%B4%E5% BA% A6% E5% 8F% 91% E5% B1% 95% E6% 8A% A5% E5% 91% 8A% EF% BC%882021%EF%BC%89_20230418100457A006. pdf。

〔2〕《树立共同、综合、合作、可持续的安全观 携手共建持久和平与共同发展的美好世界》，http：//www1. fmprc. gov. cn/web/gjhdq _676201/gj_676203/oz _678770/1206_679086/1209_679096/201502/t20150207_9334860. shtml。

〔3〕《中国国家移民管理局：俄罗斯位居 2018 来华外国人数量排行榜前十》，https：//sputniknews. cn/20190111/1027326294. html。

家密切协作，确保这些倡议落到实处、早见成效，为本地区经济发展注入更加强劲的动力，造福亚洲各国人民。

总之，推动构建人类命运共同体要看到变、把握时、突出合、强调联、注重建，要行善立德、立规谋势、顺势塑局。

二、全球治理的中国智慧与中国方案

党的二十大报告指出，中国式现代化为人类实现现代化提供了新的选择，中国共产党和中国人民为解决人类面临的共同问题提供更多更好的中国智慧、中国方案、中国力量，为人类和平与发展崇高事业作出新的更大的贡献。党的十八大以来，在联合国等国际组织和多边机制框架内，中国在全球治理、国际秩序、国际安全合作、热点问题解决等方面提出了一系列新主张、新方案，在机制创新、规则制定、议程设置、规划实施等方面作出了重要贡献，展现了中国智慧的深邃与博大，体现了中国方案对于世界和平、发展与稳定的积极推动作用。

（一）全球治理的中国方案具有很强的启发性和针对性

近年来，世界经济增长乏力，国际局势动荡不安。针对国际社会治理赤字、信任赤字、和平赤字、发展赤字的严峻挑战，中国以推动人类共同发展为己任，提出了一系列解决全球问题的中国方案。强调坚定不移推进经济全球化，引导好经济全球化走向，提出打造富有活力的增长模式、开放共赢的合作模式、公正合理的治理模式、平衡普惠的发展模式。[1] 这为全球经济化解矛盾、走出困境指明了方向。在瑞士达沃斯世界经济论坛、秘鲁利马亚太经合组织领导人非正式会议、二十国集团杭州峰会等国际场合，习近平主席直面逆全球化、保护主义、区域合作碎片化等重大问题，倡导平等、开放、合作、共享的全球经济治理观，开出一剂标本兼治、综合施策的药方，为推动世界经济强劲、可持续、平衡、包容增长作出了重要贡献。

中国提出的全球治理方案力图打破国际社会发展桎梏，开辟出一条解决国际问题的新路径。中国提出的"一带一路"倡议秉持共商共建共享原则，深化互利共赢格局，为全球经济治理提供新思路、新方案。它不是一事一议的区域内双边短期方案，而是面向未来的中长期发展方案；它并非单方面提供援助，而是致力于促进共同发展。中国对二十国集团平台和金砖国家机制的倡议，也同样不是囿于集团或区域性考量，而是力求更高程度、更大范围的跨区域、全球共同发展的主张。

全球治理的中国方案，包括公平正义的和平方案、互利共赢的合作方案、创新共享的发展方案等，目的在于推动世界经济发展，建立更加合理的国际秩序，阻止地区冲突，推动国际生态与环境的改善，促进国际体系的完善。

---

〔1〕《习近平主席在世界经济论坛 2017 年年会开幕式上的主旨演讲（全文）》，http://www.xinhuanet.com/politics/2017-01/18/c_1120331545.htm。

（二）全球治理的中国方案的实践效果

全球治理的中国方案实现了国际多边合作平台的新拓展。党的十八大以来，中国一方面深化既有多边外交平台，如进一步对上海合作组织、中国－东盟自贸区等进行完善，另一方面创新建设了一些国际多边舞台，如中巴经济走廊、中俄蒙经济走廊、孟中印缅经济走廊等。

中国提出金砖合作经济、政治、人文"三轮驱动"，不仅为金砖国家合作开辟了更加光明的未来，而且提振了国际社会对新兴市场国家发展前景的正面预期，在金砖合作进程中具有标志性意义。

2016年二十国集团杭州峰会首次把创新作为核心成果，首次把发展议题置于全球宏观政策协调的突出位置，首次形成全球多边投资规则框架，首次发布气候变化问题主席声明，首次把绿色金融列入二十国集团议程，在二十国集团发展史上留下了深刻的中国印记，推动二十国集团从危机应对向长效治理机制转型，促进国际金融治理体系更好地反映新兴市场国家和发展中国家的利益诉求。

中国大幅度增加对全球治理领域的外交、资源投入，为世界提供了越来越多的公共产品。如牵头推动设立亚洲基础设施投资银行、金砖国家新开发银行等新型多边金融机构，促成国际货币基金组织完成份额和治理机制改革，积极参与制定海洋、极地、网络、外空、核安全、反腐败、气候变化等新兴领域治理规则，推动改革全球治理体系中不公正不合理的安排，同意推动《巴黎协定》尽早生效，发起《二十国集团支持非洲和最不发达国家工业化倡议》《全球基础设施互联互通联盟倡议》，为发展中国家人民带来实实在在的利益。

在安全治理领域努力实现标本兼治。过去一段时期，地区热点问题和全球性挑战给全球治理提出了新课题。传统大国基于自身利益需要，采取卸责转责推责的做法，原有的全球治理理念、体系和机制无法有效应对当前复杂多变的国际形势、错综交织的地缘政治因素和无处不在的经济金融风险。中国勇于承担责任，积极推动问题解决：不是立足于一时一事，而是立足于长远、全局和整体；不是头痛医头、脚痛医脚，而是系统地看待、分析和解决问题；努力推动国际地区热点问题政治解决，劝和促谈，贡献合理方案。在解决热点问题的过程中，中国坚持不干涉别国内政原则，反对强加于人；坚持客观公正，反对谋取私利；坚持政治解决，反对使用武力。这些方案经历了实践检验，取得了积极成效，得到越来越多国家的赞同。

（三）全球治理的中国方案的世界历史意义

全球治理的中国方案是对中国外交实践和发展经验的深刻总结，它回答了在充满差异的社会中，在文明多元化的现实里，在国家间不同利益的诉求下，如何解决国家间矛盾和分歧、实现共同发展的问题。正确义利观、新发展观、新安全观、共商共建共享的全球治理观以及构建人类命运共同体理念等，既体现中国特色，又实现了外交理论的创新发展。

中国方案坚持互利共赢，强调权利与责任的互动、对等和一致，强调共存共处、共同发展，强调求同存异、包容互鉴。中国方案植根中国土壤，是在中国实践的成功基础上提出的，可以为其他国家提供借鉴参考。中国方案蕴含中华传统文化精髓，深受中华文化整体观、辩证观、义利观的启发，其所倡导的循序渐进、顾全大局、实事求是、客观公正等理念都被实践证明是有效管控危机、解决问题的方法。

中国方案系统全面地回应了国际社会的质疑，以整体和配套的理论和战略解决中国发展面临的问题、探索人类发展的新方向。中国方案主张变恶性竞争为良性竞争，变强权理念为公平正义，对于推动国际社会朝着良性方向发展具有建设性意义，对于实现全球安全稳定、构建人类命运共同体具有深远战略意义。

全球治理的中国方案提升了中国改革开放的世界意义。无论国际风云如何变幻，中国为人类社会发展进步而积极努力的使命感和意志都不会动摇改变，并将在新时代为人类社会作出新的更大的历史性贡献。

第七章

中国特色大国外交：理念升华与路径指引

　　新时代中国特色大国外交面临新的目标要求和责任要求，也面临诸多历史和现实的挑战，对此习近平主席在一系列国际场合提出了新主张新理念。这些新主张新理念既是对中国传统外交原则的弘扬，也是根据时代要求作出的发展，对指导中国特色大国外交具有划时代意义。总体而言，就是在国际上围绕担责与卸责、共享与独占、联通与围堵、平等与差异、公平正义与欺行霸市、结伴与结盟等理念分野，提出中国特色大国外交的理念与思路。党的十八大以来，我们提出践行正确义利观，推动构建以合作共赢为核心的新型国际关系、打造人类命运共同体，打造遍布全球的伙伴关系网络，倡导共同、综合、合作、可持续的安全观，等等。[1] 本章从以下方面归纳新时期中国特色大国外交的

---

〔1〕 习近平：《提高我国参与全球治理的能力》(2016 年 9 月 27 日)，载中共中央党史和文献研究院编：《习近平谈"一带一路"》，北京：中央文献出版社，2018 年版，第 140 页。

基本理念，希望这些理念有利于更好地指导中国外交实践。

一、基于先进性指导中国外交

中国共产党的先进性是中国外交先进性的充分保障。中国外交由中国共产党领导，因而具有鲜明的价值观导向。这一价值观核心内涵就是为人民服务。置于世界范围内，就是为人类发展服务。正因为如此，中国外交才能够引时代之先，体现为人类谋福祉的使命担当和实践作为。

中国外交倡导的理念以优秀中华传统文化为基础，其中的和合观、辩证观、整体观、包容观等无不闪耀着历经千年而弥新的中华文明的智慧之光，具有重要的启示意义。中国外交强调观念的先进性和政策实施的创新性。中国是发展中的大国，中国的发展是吸取他国发展经验同时保持自身特色的发展。中国要总结探索新的符合自身发展现实和特点的道路，带动、引领、建设更加公平与公正的国际体系，在方式上反对美国式的强制输出，讲求示范效应，注重自我强化、自我完善。因此，中国以自身国家建设为范，以公平正义的理念为信，靠先进的观念、体制和制度创新设计能力来影响他国、吸引他国、引导他国、组织他国，从而发挥制度性影响力。

一方面，中国要将先进的政策理念上升为国际共识，另一方面，中国也要推动全人类共同价值深入人心。

二、基于主动性发挥积极影响

中国特色大国外交的突出特点就是由被动到主动、由反应到引领、由独立到自主。在外交上突出引领性和主动性，就是在人类发展方向出现迷茫困惑的时候，在一些国家开历史倒车的时候，扮演火炬手的角色，引领正确的前进方向。中国自身角色已经由融入国际体系，到积极主动完善变革国际体系；由全球公共产品消费者到公共产品提供者，由接轨到铺轨。中国外交的使命就是推动经济全球化、引领全球治理、完善国际体系、提升国际综合治理能力，为推动构建人类命运共同体打下良好基础。

三、基于互动性处理好自我与他者的关系

基于相互塑造而促进合作。合作不是简单的对接，是相互适应调整、相互促进的过程，其中自身改变与提高或者说改变自身以适应合作是十分重要的。

构建新型互动关系。首先是新型合作观。这要求严格遵循互利共赢的合作模式；基于共识和共同意愿开展合作；不利用合作谋取一方利益最大化，强调共同受益；善于寻找和敏锐把握共同利益，扩大共同利益，促进互补利益，也要在差异化的前提下，保持和尊重彼此的核心利益，尊重他人利益。

其次是新型竞争观。合作并不排斥竞争而是包容良性竞争。一国发展自己不能以抵制或削弱他国为条件。竞争的含义是自己

变得更好，而不是使对方更差。不仅要合作共赢，而且要实现竞争共赢。

最后是新型发展观。强调可持续的共赢的发展，追求更为公正均衡的发展观；要改变富国更富、穷国更穷的局面；强调富帮贫，缩小贫富差距；突出新兴市场国家帮助落后发展中国家的模式。

中国与世界的关系始终都是相互塑造、相互改变的过程，而不是单纯地改变或被改变的过程。相互改变可以形成新的合作搭配，形成有利的新组合。在相互塑造的前提下，竞争对手之间的合作也是可行的。例如，在中美关系的相互塑造过程中，中国需要适应美国的变化，但美国需要适应或改变的内容更多。如果说过去中国需要改变适应的东西更多的话，现在包括美国在内的其他国家适应中国的发展壮大和发展选择才是正确做法。

因此，对中美关系和其他间国家关系而言，一方迫使另一方单向改变的进程应该转变为共同演进、相互适应。相互塑造是合作的重要阶段。对于不同文明之间的关系，不能只看到对抗和冲突的一面，而看不到相互接触、交流、融合、共生的一面。实际上，从世界文明的总体发展趋势来看，不同文明之间的交流互动、彼此借鉴融合始终是主流，文明冲突只不过是暂时的、局部的现象。不同文明是在既冲突又融合、既对立又统一的关系中共同发展的。[1]

总之，不同文明要通过交流互鉴减少误解，同时找到一条求同存异的相处之道。因此，中国特色大国外交强调共商共建共享而不是相互取代。这也正是"一带一路"倡议的理念支撑。

四、基于共同性完成共商共建共享的任务

首先，共同性体现为共同利益。当前无论是发达国家还是发展中国家，都面临着内部变革与结构转型的重任，虽然发展水平与发展程度各不相同，但发展是共同目标和第一要务。实现发展需要和平与稳定的国际环境，因此维护和平符合所有国家的共同利益。其次，共同性倡导共同的价值。人类没有放之四海而皆准的普世价值，但享有共同的价值。习近平总书记在庆祝中国共产党成立100周年大会上的讲话中强调："中国共产党将继续同一切爱好和平的国家和人民一道，弘扬和平、发展、公平、正义、民主、自由的全人类共同价值。"[2] 只有在共同价值的弘扬与维护中，人类才能够拥有共同的精神力量。再次，共同性体现为应对共同的威胁。人类面临着大量超越国别的共同威胁，要求各国共同应对。最后，共同性要求承担共同的责任。基于共同利益和

---

〔1〕 方克立：《文化自觉与"和而不同"》，载任继愈主编：《文津演讲录之六》，北京：北京图书馆出版社，2007年版，第263页。

〔2〕 习近平：《在庆祝中国共产党成立100周年大会上的讲话》，载《人民日报》，2021年7月2日，第2版。

共同威胁，所有国家必须齐心合力，在人类命运共同体和休戚与共意识指导下，承担共同但有区别的责任，解决人类面临的共同问题，推动人类社会的进步与完善。

共同利益有助于超越观念差异，针对共同威胁可以极大地减少差异对合作的阻碍作用。因此，扩大共同利益是减少差异的负面作用、促进合作的有效途径。

共同目标、共同利益、共同价值及共同威胁有助于各国加速解除分歧和差异的束缚，推进国家关系的破冰与发展，推动构建人类命运共同体。冷战后，非传统安全威胁远远超出传统的国家威胁，其迫切性、重要性均关乎人类命运。历史已经多次证明，当更大的涉及共同命运的威胁来临时，人类可以忘却怨仇，从对手变成朋友，从对立走向合作，共同应对灾难和战争挑战。这进一步表明，人类的所谓分歧和差异是相对的、可转化的，而不是绝对的。人类不应该在平常的生活中忘记这一点，而把差异和分歧放在个适当的位置，从而阻止合作的形成与发展。

培育共同感对合作是十分重要的。人类命运共同体理念的提出也正是基于追求共同性而展开的。同舟共济永远是人类需要牢记和践行的观念和法则。

五、基于包容性处理好与不同制度国家的关系

习近平主席指出："要尊重文明多样性，推动不同文明交流对

话、和平共处、和谐共生，不能唯我独尊、贬低其他文明和民族"。[1] 人的智慧之一是接纳。外不起纷争，内不生对立。和实生物，同则不继。履不必同，期于适足；治不必同，期于利民。

包容性是针对排他性的。要减少对立心态。对立心态的形成对合异最为不利，会导致差异放大，甚至会制造差异。

在观点和制度上不求千篇一律。多元化的、站在不同角度的观点有助于实现包容。因此，我们自己应该去努力寻求、协调与平衡多样化的观念。

包容是一种换位思考。关键要学会角色互换和换位思考。包容更强调相互尊重。关于民族性格以及民族性格对国家间交往影响的研究十分重要，不同的交往观念、行为方式、风俗礼仪都应该包括其中，并且推动更多人去了解和学习，这将极大地减少由差异或误解带来的成本损耗。

国家与国家间要相互尊重，地区与地区间也要尊重不同的区情、不同的发展诉求和利益关切。要有针对性，要因人而异，更要因国而异。每个国家都是多元、多侧面的。相处也需要多样化，不可能千篇一律、一成不变。

---

〔1〕 习近平：《弘扬和平共处五项原则 建设合作共赢美好世界——在和平共处五项原则发表 60 周年纪念大会上的讲话》，载《人民日报》，2014 年 6 月 29 日，第 2 版。

六、基于互补性强化合作

"思可相反，得须相成。"共同性并不足以长久支撑合作，互补性是能够真正搁置和超越差异的动力。

互补性要求寻找彼此的交合点。合作的路径是了解对方需要什么，我们能提供什么，然后找到彼此都能接受的交合点。

更为重要的是在差异间发现互补性。差异化和多元化为互补提供了更多选择与可能。需要对差异进行更高平台的分类组合，以促进差异间互补的形成。尤其要深入研究那些导致差异和冲突的因素，将某些因素组合起来形成互补，从而使不同国家彼此促进，而不是彼此冲突。

七、基于平等互利处理好大小国家关系

中国特色大国外交的一个关键要素就是与发展中国家的关系。对待发展中国家和落后国家的态度和政策是中国特色大国外交之特色的关键所在。

强调大小国家一律平等是中国传统外交的法宝，在新时期仍然有其重要的生命力，应该成为中国特色大国外交的独特性之一。失去了这一点，中国特色就少了一个重要因素。

中国是大国，但不同于其他大国，中国是发展中国家中的大国。这一定位不能忘、不能丢，决定了中国特色大国外交的性质和属性与其他大国不同。历史上其他大国鲜有能够处理好大小国

家关系的，要么是大国沙文主义，要么是霸权主义。中国特色大国外交在处理这一问题上一直有鲜明的立场和站位。中国无论发展到什么阶段都不能滋生暴发户心态、不能耍大牌、不能嫌贫爱富。过去的中国大而弱，这个问题不那么突出，现在大而强的中国更加需要保持谦虚有度、平等公道、匡扶正义的形象。富而不骄，强而不霸。在国家间关系中不因其小而轻视，也不因其大而敌视。无论大小贫富都能够不卑不亢、一视同仁。

要扶弱合强，与发展中国家共同发展。要变以往其他大国外交中以大欺小、以强凌弱为扶小合大、协调发展。变远交近攻为远交近合。大国外交不是大国欺负小国的大国沙文主义外交，大国更需要的是对小国的尊重与平等，对小国无私真诚的帮助，这更需要合作共赢。中国曾经深受霸权主义和大国沙文主义之害，因此要格外注意这一点。

毛泽东认为，国家无论大小、富贫、强弱都应相互尊重、平等相待。1958年8月16日，毛泽东在同西哈努克谈话时指出："所谓大国小国只是一种心理状态。大国小国应该平等相待。有这样一种论调：大国是不好惹的，小国是可以随便欺侮的。这种论调是绝没有道理的。"[1]周恩来特别强调对其他第三世界中小国家的尊重。这些国家长期受到帝国主义、殖民主义大国的侵凌

---

〔1〕　邓力群主编：《外交战略家毛泽东》（下册），北京：中央民族大学出版社，2004年版，第433页。

欺侮，又因为贫弱在国际事务中历来不受重视。因此，周恩来的谦逊有礼和平等相待，让他们尤为感动。"他从不强加于人，而且非常讨厌大国沙文主义，发现国内的同志稍有大国沙文主义倾向流露时，他就会立即指出。"[1] 进入新时代，中国坚持倡导国际关系民主化，坚持国家不分大小、强弱、贫富一律平等，坚持通过对话协商和平解决国家间的分歧和争端，反对动辄诉诸武力或以武力相威胁，坚决反对霸凌主义。[2]

中国与其他发展中国家合作有历史传承，但更需要发展。在新时代最为重要的任务就是如何带动他们的发展，更好地分享中国发展的机遇。遇到困难，不转移困难、不转嫁矛盾。后者不容易做到，但也是区别于传统发达国家的重要标志。

中国也从周边邻国或中小国家的发展中受益，从中学到了宝贵经验，与之共同成长。中国不在任何地区以任何形式谋求霸权，不摆地区老大的姿态，始终保持谦虚，与发展中国家交互共进。中国人民从来没有欺负、压迫、奴役过其他国家人民，过去没有，现在没有，将来也不会有。[3]

---

〔1〕 王凡：《吴建民传》，北京：世界知识出版社，2008 年版，第 73 页。

〔2〕《在习近平外交思想指引下奋力推进中国特色大国外交》，http://www.qstheory.cn/dukan/qs/2019-09/01/c_1124940423.htm。

〔3〕 习近平：《在庆祝中国共产党成立 100 周年大会上的讲话》（2021 年 7 月 1 日），载《人民日报》，2021 年 7 月 2 日，第 2 版。

八、基于群体性带动共同崛起

群体性崛起的构想基于共同性和整体性原则而生。群体性崛起的基本理念是：一个国家的发展不能建立在周边国家贫穷的基础上，一个国家的强盛必须伴随着其他国家的共同发展而实现。只有避免出现孤立发展的问题，才能造就可持续的长久繁荣。中国的发展不是一枝独秀，而是群体性崛起的重要组成部分。中国变量是整体中的变量，中国变量只有立足于发展的整体才能赢得更大的机遇。中国的发展必须与他国合力才能实现。中国复兴是群体性崛起的国际社会现象之一，是彼此带动的发展，推动实现发展中国家群体由独立自主向着联合自强的方向转变。进入新时代，我们坚持发展中国家定位，支持发展中国家在国际事务中发挥更大作用，维护发展中国家在国际体系中的正当权益，加大对发展中国家的援助力度，通过互利合作带动更多国家实现共同发展。[1]

在相互依存日益密切的世界里，一个国家可持续发展必须与国际社会的整体发展繁荣相伴。中国不断深化群体性崛起的进程，首先，是与发展中国家群体共谋发展、共享发展成果，"一带一路"倡议是以促进新兴市场国家与发展中国家共同发展为目

---

〔1〕《在习近平外交思想指引下奋力推进中国特色大国外交》，http://www.qstheory.cn/dukan/qs/2019-09/01/c_1124940423.htm。

标，而不是确立新中心；其次，是在更大范围内推动构建以区域一体化为基础的周边命运共同体及人类命运共同体。

九、基于新型大国思维开展新型大国外交

习近平主席强调："中国将努力构建总体稳定、均衡发展的大国关系框架，积极同美国发展新型大国关系，同俄罗斯发展全面战略协作伙伴关系，同欧洲发展和平、增长、改革、文明伙伴关系，同金砖国家发展团结合作的伙伴关系。"[1]

大国要勇于面对竞争。一个大国的形成与壮大，必然伴随着对手的形成与变化。大国不可能没有对手甚至敌手，大国也不可能毫无障碍地成长。与最大的守成大国也必然会竞争。大国间的合作与冲突是难以回避的国家关系主题。

新型大国思维体现在以下两个方面。其一，要求中国外交要有大国的视野。以前中国是作为一个地区性大国，现在是作为一个有全球影响力的大国参与竞争，对战略的整体性要求越来越高。只有大国才具有决定全球命运的力量和影响。大国关系要放在全球和整体的视野中加以运筹和发展。正如王毅所言，我们从来没有兴趣赌美国的输赢，中国的发展也不建立在美国衰落的前

---

〔1〕 习近平：《共同构建人类命运共同体》(2018 年 1 月 18 日)，载中共中央党史和文献研究院编：《习近平谈"一带一路"》，北京：中央文献出版社，2018 年版，第 173 页。

提之上。[1]

其二，大国之间的竞争是常态。大国发展模式、利益诉求、意识形态都可能不同，竞争是难以避免的。关键是管控竞争和引导竞争。把以削弱和打压对方的恶性竞争变成提升自我的良性竞争。近些年，中美之间的关系虽然基于合作共赢理念得到发展，但现实是目前中美之间竞争面在上升。中国应该通过有效管控把竞争两伤引向竞争共赢，即通过不断提升和发展自我的能力形成更高层次的竞争，从而在竞争中使本国和双方都变得更好。

十、基于可持续性实现共同安全

中国特色大国外交所面临的根本性问题是和平发展，而在现阶段这一根本性问题的具体体现是安全与发展。有和平不一定有安全。和平是针对战争而言的，安全则涉及包括和平时期在内的一系列影响发展的因素。若安全无法获得，发展就难以保障。安全是发展的前提，发展是安全的保障，安全和发展要同步推进，[2] 两者缺一不可。习近平主席指出："要摒弃一切形式的冷战思维，树立共同、综合、合作、可持续安全的新观念，统筹应

---

〔1〕《王毅会见美国常务副国务卿舍曼》，https://www.gov.cn/guowuyuan/2021-07/27/content_5627593.htm。

〔2〕《习近平谈网络安全观》，http://www.xinhuanet.com/zgjx/2016-09/19/c_135697024.htm。

对传统和非传统安全威胁，防战争祸患于未然。"[1]

中国要成为国际社会中一支不可替代的积极的建设性力量，需要强化三个方面的能力，即对国际格局更强的塑造能力、对于霸权和强权行径的制衡能力、对于缓解和解决国际危机以及改善国家关系的协调能力。面对错综复杂的国际安全威胁，单打独斗不行，迷信武力更不行，合作安全、集体安全、共同安全才是解决问题的正确选择。[2]

过去几十年，中国对国际经济的贡献有目共睹，在国际安全领域也发挥着独特的重要作用。中国是联合国安理会常任理事国中派出维和部队最多的国家，也是发展中国家中缴纳维和经费最多的国家。在未来国际危机和周边热点问题的解决过程中，中国将不仅扮演协调者，还要推进问题和危机的解决。既有中国协调，也有中国方案；既体现责任，也推进落实。在危机解决的进程中发挥积极的、独特的甚至是不可替代的作用，在安全机制、危机管控、危机预防和人类共同的非传统安全议题中贡献更多中国思想和中国元素，体现更强的中国责任。

我们需要在联合国框架下不断发展共同受益的多边安全机制

<hr>

〔1〕 习近平：《同舟共济、扬帆远航，共创中拉关系美好未来——在秘鲁国会的演讲》，载《人民日报》，2016 年 11 月 23 日，第 2 版。

〔2〕 习近平：《顺应时代前进潮流，促进世界和平发展》（2013 年 3 月 23 日），载中共中央文献研究室编：《十八大以来重要文献选编》（上），北京：中央文献出版社，2014 年版，第 260 页。

和危机管控机制，强化热点治理能力，以人类命运共同体理念来推动国际热点问题解决。越来越多国际危机的解决离不开中国因素发挥积极正面作用，这也在客观上要求中国特色大国外交对解决危机及热点问题发挥更多更有效的影响力，要有更多中国方案和中国式热点问题解决之道。通过渐进、标本兼治、协商一致、非强制、阶段性解决与长远解决相一致的原则推进热点问题解决。

十一、基于正当性发挥国际影响

有些国家讲人道主义外交，实际上是有选择的干预。有些国家强调人权，却搞人权多重标准，以人权为借口行干涉主义之实。

中国倡导和平，也一直在践行和平，从未主动挑起任何争端。中国在完全和平的状态下，以和平发展的方式跃居世界第二大经济体，中国的财富没有一项是武力掠夺所得，没有一项是侵占他国领土所得。

中国发挥建设性影响力和某些大国的干涉主义存在根本不同。光明正大，方式合法，没有双重标准，非强制，非暴力，不搞颠覆渗透，不输出模式和制度，尊重主权和平等。

中国高举公平公正的旗帜，推动国家发展的均衡性和有序性；坚定维护以联合国宪章宗旨和原则为基础的国际关系基础准则；坚定维护真正的多边主义；努力维护国际多边主义的权威性和正当性；践约守信；努力推进国际关系民主化、国际秩序多极化、国际经济全球化。始终做世界和平的建设者、全球发展的贡献者、国际秩序的维护者。[1]

十二、基于义利观指导对外援助

习近平主席指出："'国不以利为利，以义为利也。'在国际合作中，我们要注重利，更要注重义。中华民族历来主张'君子义以为质'，强调'不义而富且贵，于我如浮云'。"[2] 中国特色大国外交强调义责为先。"君子爱财，取之有道"，大国发展道路也是如此。

美国当年打着非殖民的旗号走上世界舞台，却以制度霸权的方式实现赢者通吃。中国谋求在经济全球化大潮下公正合理的发展，占有道义制高点。

中国的发展方式不是谋取一招制胜，而是共赢多赢，与多数国家一道共同致富。共赢，实际上就是平衡好短期利益和长远利益可持续性关系的问题。

共赢要解决赢多赢少的问题，需要有正确的义利观。合作共赢从理念上很容易理解，但在实践操作过程中如何找到利益的最

---

〔1〕《决胜全面建成小康社会 夺取新时代中国特色社会主义伟大胜利——在中国共产党第十九次全国代表大会上的报告》，http://www.xinhuanet.com/politics/19cpcnc/2017-10/27/c_1121867529.htm。

〔2〕习近平：《共创中韩合作未来 同襄亚洲振兴繁荣——在韩国国立首尔大学的演讲》，载《人民日报》，2014年7月5日，第2版。

佳平衡点和双方期望值的最佳平衡点，已经成为新的难题。中美关系的表现尤其如此。实际上，中国加入世贸组织之后，中美双方一直是共赢的，但即使是共赢，双方对利益的期望值也并不一样。现在美国认为没有达到它的预期，于是就对合作共赢的现有模式产生质疑，试图加以改变。显然，共赢法则需要作新的调整、注入新的动能，解决的办法仍然是把共同利益的蛋糕做大。

如果说共赢相对容易，让利则很难。对于中国这样具有竞争力的国家而言，如何让利在实践中是一个大难题。关键在于，对发展中国家实施援助、共建"一带一路"要兼顾"授人以鱼"和"授人以渔"。中国复兴与人类发展具有高度的一致性。对外援助要有战略性，要为国家大战略服务。

将利益追求的最大化变为相对化，这是国际关系中中国特色的一个原则。其中，避免最大化是关键。中国外交哲学始终突出相对性和适可而止，共建共享也是避免利益最大化，搭台而不拆台，开放而不封闭，共赢而不独占不仅是中国外交的谋势之举，也是道义之举。我们要拆墙而不要筑墙，要开放而不要隔绝，要融合而不要脱钩，引导经济全球化朝着更加开放、包容、普惠、平衡、共赢的方向发展。[1]

要重视精神力量的意义。比如信仰、民心凝聚、国际社会认

---

〔1〕《团结合作抗疫　引领经济复苏——在亚太经合组织领导人非正式会议上的讲话》，http://www.gov.cn/xinwen/2021-07/16/content_5625530.htm。

可度。不能简单算经济账，不能简单计量或功利化。精神因素的作用十分巨大，而且是长期的。经济全球化是大势，民心相通也是大势。中国外交要努力推进两大趋势。

十三、基于责任感展现大国担当

习近平主席指出："中国将积极承担更多国际责任，同世界各国一道维护人类良知和国际公理，在世界和地区事务中主持公道、伸张正义。中国将继续以最大诚意和耐心，坚持通过对话协商以和平方式解决分歧和争端。"〔1〕

责任是这个时代的大国应有的担当，中国作为一个发展中的大国，更是全球最大的发展中国家，在自身承担巨大发展任务的同时，也努力承担与自身能力相匹配的国际责任，从不逃避。〔2〕中国传统外交强调弱弱相扶，在中国最困难的时候也能够对他国伸出援手，能够在困难的时候做到先人后己在世界其他大国中是少见的。

将中国的海外利益与人类利益、地区利益保持一致。追求国家利益与人类利益、国际利益的相合性、一致性，不把国家利益置于国际利益之上。不置人类利益、他国利益于不顾而盲目追求

〔1〕 习近平：《守望相助，共创中蒙关系发展新时代——在蒙古国国家大呼拉尔的演讲》，载《人民日报》，2014 年 8 月 23 日，第 2 版。

〔2〕 马峰：《"一带一路"倡议的全球治理意义》，载《中国发展观察》，2019 年第 8 期，第 18—21 页。

自身利益。

中国勇于承担历史赋予的责任。从历史的角度看，中国渴望平等尊重，不甘忍受欺辱，对历史屈辱记忆犹深。防止民族屈辱再现，是所有中国领导人的历史情结。中国必须具有内在力量防止外部入侵与干涉。在这个前提下，中国需要具有足够的力量来承担国家和国际责任，从而获得国际社会的接受、认同和尊重，以自身的壮大和发展造福人类。中国复兴不是要谋求霸权，而是要成为一支和平的对人类作出重大贡献的积极力量，成为一支推动人类进步与发展的力量。我们要努力实现全方位的合作，推动伙伴关系网络发展；团结一切可以团结的力量，共同应对人类威胁。当今世界，中国不可能独善其身，只有世界好，中国才能好。在推动世界经济复苏、政治解决国际和地区热点、应对各种全球性问题和挑战等方面，中国都没有缺席。这是国际社会的希望，也是中国的责任。[1]

十四、基于斗争精神应对风险挑战

习近平总书记强调："面对新形势新挑战，要发扬斗争精神，既要敢于斗争，又要善于斗争，在事关中国特色社会主义前途命

---

〔1〕《习近平接受〈华尔街日报〉采访》，http://news.xinhuanet.com/world/2015-09/22/c_1116642032.htm。

运的大是大非问题上坚定不移。"[1] 斗争的对象是损害中国国家利益以及全人类共同利益的制度、规则、行为；斗争的手段是合情、合法、有理、有利、有节；斗争的目标是推动构建人类命运共同体，为中华民族伟大复兴创造良好外部环境。

敢于斗争需要增强斗争勇气，提升斗争本领。人类社会"四个赤字"不断加大，多边机制和国际规则受到严重冲击，中国外交面临的问题非但没有减少，反而更加复杂严峻。在这种情况下，逃避问题、掩盖矛盾、害怕斗争没有出路，必须勇于和各种形式的霸权主义、强权政治、干涉主义作斗争，勇于和打着"民主""人权"旗号侵犯我国主权、安全、利益的行为作斗争。斗争能力和本领直接影响斗争成效，应当充分认识斗争的严峻性、复杂性、时代性特征，厘清斗争重点，坚持斗争方向，把握斗争底线，统筹发展与安全之间的关系。[2]

善于斗争需要展现斗争艺术，发挥斗争智慧。斗争不是蛮干，不是直接对抗，需要讲求一定的艺术和智慧。新中国外交实践体现出统筹全局、把握本质、抓主要矛盾的智慧，也体现出与时俱进、审时度势、灵活变通的艺术，因而取得了巨大的成就，这是未来对外交往所要继续秉承和发扬的。

---

〔1〕 习近平：《对照贯彻落实党的十八届六中全会精神研究加强党内政治生活和党内监督措施》，载《人民日报》，2016 年 12 月 28 日，第 1 版。
〔2〕 陈积敏、孙新平：《新时代中国外交发扬斗争精神的战略思考》，载《和平与发展》，2022 年第 2 期，第 1—17、136 页。

十五、结语

中国的大国外交理念来自丰富的外交实践，在实践中得到了有效证明，又反过来指导实践，是思想与行为、原则与实践的结合与统一。总体而言，就是强调全面、综合、联系、辩证、历史、立体地分析和看待国际形势与国家间关系；坚持正确的历史观、大局观和角色观；努力把握国家和人类的正确发展方向，以积极、合理、协作、务实、有效的方式推动中国复兴和人类命运共同体的实现。

中国的外交理念基于高远的政治站位，时刻把握人类发展的正确方向，以建设性的方式引领国际社会向着公正均衡的方向发展，发挥大国协调、战略伙伴、结伴而不结盟的作用。

中国的外交理念彰显持续创新的意志和精神。未来中国外交面临的挑战更大，难题怪题新题更多，多数没有现成答案，需要在现有成功原则的指导下不断探索创新。人类面临的新课题也在不断涌现，比如新冠肺炎疫情等带来的系列问题与后果都是前所未有、出乎意料的。作为新型大国，我们不仅需要参与、融入国际社会的发展，更要发挥建设性作用，带动和组织国际社会勇于面对挑战、攻坚克难，努力开创新型共处之道、合作和发展之道、大国相处之道、国家相处之道、国际热点问题解决之道。

中国的外交理念蕴含伟大斗争精神和斗争智慧。敢于斗争、敢于胜利，既是我们党战无不胜的强大力量，也是中国外交的鲜明特色。新中国成立之初，中国外交实践便与"斗争"二字密不可分，随着中国日益走近世界舞台中央，各种内外部风险挑战日趋复杂多样，面临的矛盾、风险、博弈也前所未有，稍不留神就可能掉入别人精心设置的陷阱，[1] 只有兼具斗争精神、斗争能力和斗争智慧，才能"乱云飞渡仍从容"。

中国的外交理念强调坚定的战略自信和战略定力。中华民族从站起来、富起来到强起来，为中国特色大国外交奠定了坚实的物质基础和精神基础。我们需要不断总结提炼，在正确的道路上踔厉奋发、久久为功。

---

〔1〕《习近平在省部级主要领导干部学习贯彻党的十八届五中全会精神专题研讨班上的讲话》，载《人民日报》，2016 年 5 月 10 日，第 2 版。

第八章

中国特色大国外交：
协调、完善与变革

党的十八大以来，中国特色大国外交取得了前所未有的辉煌成就，但也存在着与大国外交不相适应的一些不足，有些问题并非中国专有，而是具有一定的普遍性。有些涉及内外部机制协调，有些涉及外交能力建设，有些涉及资源转化为能力的问题。只有正视并化解这些问题和矛盾，中国外交才能够再上一个台阶。胡宗山等曾指出中国现行外交布局中存在的局限性，包括整体外交布局存在不均衡性、不同领域外交间的横向联系需要增强、新的外交领域拓展力度有待加强、人文交流应被予以更多重视等问题。[1] 西方学者则在兰德智库推出的报告中提出，中国对外战略竞争存在国内与国外两个层面的脆弱性，例如国际层面

---

〔1〕 胡宗山、张庭珲：《新时代中国外交布局的体系创新》，载《中南民族大学学报》(人文社会科学版),2022 年第 8 期,第 105—106 页。

上，中国在大国关系中过于依赖与俄罗斯的合作，在亚太地区及发展中国家中缺少强有力的支持等。[1]

由此，本章从战略判断、体制机制、能力建设等方面对中国现行外交布局加以分析，厘清各层面存在的矛盾，并针对性地提出对策建议和未来目标。

一、中国现行外交布局分析

（一）战略层面的判断

从战略层面看，中国外交目前有以下四个矛盾需要考虑。

第一，"东升西降"的趋势与"西强东弱"的现实之间的矛盾。这个矛盾实际上提出了一个战略选择问题：经过改革开放40多年的发展，中国还特别需要或过度依赖发达国家吗？中国外交还应倾向或侧重于发达国家吗？中国是发展中大国，中国的发展应该立足于发展中国家群体的发展。然而，中国对与发达国家的合作仍应继续持开放态度。毕竟国际秩序和国际规则仍由西方主导，在大量的非传统安全问题上，中国与传统发达国家的合作仍然是重要的。

第二，坚持和平发展与政治安全危机复杂性、尖锐性、突发

---

〔1〕 Timothy R. Heath, et al. *China's Quest for Global Primacy: An Analysis of Chinese International and Defense Strategies to Outcompete the United States*, Santa Monica: RAND Corporation, 2021, p. 171.

134

性的挑战之间的矛盾。东西与南北问题即和平与发展问题，正演变为安全与发展问题。有和平不等于有安全，发展本身处于不安全的环境之中。中国既不能为发展牺牲安全，又不能为安全牺牲发展。非传统安全问题的多元性和挑战叠加，比如新冠肺炎疫情变化与经济危机的相互交织，增加了问题解决的难度。在全球化时代，产业链、供应链的相互依存导致的系统性危机给人类带来了新的风险。大国关系进入新的竞争危险期，更使得坚持和平发展的难度越来越大。

第三，全局意识与局部热点解决之间的矛盾。一方面，国内问题国际化、地区问题全球化使得中国看待热点危机的意识发生转变。一些热点夹带了更多全球性因素、大国博弈的背景因素，具有了长时段和长周期的特征。另一方面，局部争端与冲突、地区危机升级都有可能引发新的不确定性，甚至可能引发战略选择的困境。因此，中国要做好追求整体稳定与局部危机并存的战略设计，把控好局部危机与整体稳定的关系，不因小失大，不使局部危机影响战略全局。在解决局部危机时，必须充分意识到全球稳定的大局，同时发挥中国在国际体系中的建设性影响和作用。

第四，积极进取和防止战略透支之间的矛盾。积极进取是大国外交的必然选项，在这一过程中，既要避免陷入与其他大国的攻守模式之争，落入他国设下的战略诱引陷阱，又要在进取有为的态势之下保持理性，坚定战略定力和战略节奏。

（二）体制机制的争夺

从体制机制角度来看，中国存在着日益融入现有国际体系与体系转型之间的矛盾。

过去，美国不断拉拢中国进入现有国际体系，中国也一直在强调与国际体系的融合。而现在中国等新兴市场国家要求变革和完善现有国际体系，这与美国等发达国家固守现有体系之间存在矛盾。更不用说，美国等发达国家还存在着建立排斥新兴市场国家的新的国际体系的可能性。

发展中国家与发达国家在国际体系建设方面出现重大分歧，说明体系之争已经出现。体系之争的核心在于我们是否能够接受一个完全有利于传统发达国家而不利于新兴市场国家的体系；是否能够接受传统发达国家继续对发展中国家保持不合理的优势地位、维护其不平等的规则制定权。对于发展中国家而言，新的公平正义能否建立起来？对于传统发达国家而言，他们的优势地位还能不能维持？新旧国家之间能否达成妥协或均衡，找到一个妥善的解决之道？这是新的历史阶段的一系列新的挑战性课题。这种竞争还伴随着传统发达国家与新兴市场国家之间的较量，避免零和博弈的结局具有极大的挑战性。

（三）能力建设的问题

从能力建设角度来看，以下四项问题亟待解决。

第一，美国根深蒂固的权力政治联盟与中国的不结盟战略之间的矛盾。对中国的外交能力建设而言，则存在着不结盟、无势力范围与国家海外利益保护手段不足、不全的矛盾。由此，全面伙伴关系必须与功能性联盟相结合。如何实现新的国际统一战线和功能性发展联盟的结合，是我们需要在实践层面思考的问题。实现这一结合的一种可能是我们要努力强化大国协调。大国协调不仅要有合作的意愿，更需要实现制衡的能力。发展中国家是制衡传统大国的重要力量，中国具有与发展中国家合作的历史基础和天然优势，所以我们一方面要削弱旧有的联盟体系，另一方面需要构建新型的发展联盟体系，而发展中国家就是这一新型合作体系的重要组成部分。

第二，影响力不均衡与外交工作全面性之间的矛盾。中国的影响力已经由国家、地区层面向着全球层面提升。对于中国而言，首先，政治影响和经济影响二者存在不匹配，即经济上具有世界影响力而政治上的影响力仍然滞后。其次，从世界范围看，中国的发展影响存在地缘上的不匹配。就时代背景而言，亚洲已成为世界经济的中心，但还不是世界政治的中心，这本身就是一个地缘上的不匹配。亚洲若成为世界政治的中心，中国必定要在其中扮演重要角色。中国虽然仍是一个发展中国家，但却是一个世界性的发展中国家，作为亚洲强国的中国在本区域的参与度和影响力明显强于其他区域。即使中国总体上仍然落后于传统大国，但仍需要在世界范围内不断扩大自身的政治经济影响。

第三，海外利益延展与保护能力有限之间的矛盾。在日益开放和相互依存不断加深的时代，国家利益不可避免地具有更大延展性。国家利益的内部性界限已经被打破，国内国际两个大局镶嵌交织，难分彼此。这是一个巨大的变化。一个大国如果不对外开放，不"走出去"也不"请进来"是很难真正实现发展壮大的。海外利益的延展使得国家利益与外部因素有了更多触碰，对外开放使得外部因素内部化的程度在上升。国家主权的内涵与外延都出现了变化。国家应对国际形势变化的能力必须得到提升。现在大国的兴衰主要取决于自身实力的发展，而不是通过战争。由此，中国外交存在着全球治理、海外利益保护的迫切需要与外交专业或相关领域外事人员经验储备不足的矛盾。

第四，同发达国家合作与发达国家不断打压中国之间的矛盾。美国意欲整体围堵打压中国，大国之间的冲突和较量仍然不可避免。这本是国家间关系的常态，但是竞争、冲突和较量的手段与方式呈现出新的变化，贸易战、网络战都可能成为新的战争形态。中国所面临的最大阻力和挑战仍是霸权国家联盟对中国的打压，而且这是短期内无法化解、长期存在的一个难题。对于中国而言，斗争与合作的辩证关系如何在国家间关系中得到更好体现是一个新的课题。如果合作仍是外交追求的主流，那就需要以斗争促合作，而不是以斗争促斗争，这需要既坚持原则又讲求策略。斗争是手段而不是目的，斗争是合作的一部分，要避免斗争与合作分离。诚然，在当前大国竞争的特殊阶段，斗争精神必须进一步坚持，同时更要考虑如何进一步提高斗争能力。

二、对策：中国外交战略面临重要转变

中国正经历由发展中大国向发展中强国的转变，正经历由边缘向中心的转变，正经历由弱向强的转变，正经历由地区性强国向全球性大国的转变。与此同时，中国特色大国外交也正经历由量到质的转变。

为了实现中华民族伟大复兴的宏伟目标，外交战略尤其需要全球布局和谋划，形成中国的大棋局。对外，中国仍要增强核心竞争力，扩大国际影响力，开拓国际市场，提升国际地位，在全球治理中发挥更大的作用、作出更大贡献。这就需要加快将资源转化为解决问题能力的进程，需要加快培养大量能够在国际组织中工作的人才，需要发挥中国作为一个大国的引领性和创造力，需要扩大发展合作空间，需要有一定的保障能力。

中国已经是有世界影响的大国，这是中国外交进行新的战略定位的重要前提。中国外交的战略已经由地区性大国战略向世界性大国战略转变，这一定位意味着战略视野的拓展和战略覆盖面的扩大，突出特点在于其视野和格局的不同。仅从地缘战略视角就可以看到，中国的大国战略覆盖范围有了十分显著的拓展。"一带一路"是"两条线"，联通欧亚形成"一大片"。亚太自贸区建设以太平洋为轴联接亚洲与拉丁美洲，两洋铁路建设打通两大洋——太平洋和大西洋，海上丝绸之路又把印度洋与太平洋联

通起来，"一带一路"还将非洲的发展纳入发展规划，全球一盘棋的理念正在得到落实。

中国正在形成世界性大国的发展战略，正在成为共同治理的合作者、经济全球化的推动者、绿色发展的引领者，正在为人类发展提供方向性引领，为破解人类发展难题制定新的中国治理方案。具体而言，需要实现两大战略目标。

（一）实现自身影响力的突破性发展

中国特色大国外交需要转型与提升。中国经济总量居世界第二，且具有制度体制优势。在百年未有之大变局中，中国实现了角色转换：以前是接轨，现在是铺轨；以前是答题，现在是命题；以前是被动应对，现在是主动谋划。中国国家层面能够调动的资源和人力在世界上非常突出，那么如何将这些资源转化为外交影响力？世界处于转型过渡期，中国外交也处于新的转型期，面对百年未有之大变局，中国需要实现外交能力的现代化飞跃。

中国外交正处于由被动到主动、由区域到全球的转变。中国综合实力有了极大提升，但转化为国际影响力的进程相对滞后。中国需要从机制和人员布局方面强化制度改革，不断缩小能力有限性和影响力需要加大之间的矛盾，协调和平衡好各类需求之间的关系，确立战略优先和集中领域，调动和激活各种资源，促进国家实力向国际影响力的有效转化。

中国国际影响力的扩大必须是正面的、和平的、合作共赢的，推动国际社会更加均衡、公正与合理地发展的。国际上对于公平发展的期望，也驱动着中国发挥带头作用。中国复兴在国际上的体现就是公平发展，一大批发展中国家的发展才能推动国际秩序向着更加合理均衡的方向发展。目前，发展中国家正从反殖民的民族独立运动期转向反垄断的民族发展期。

中国扩大国际影响力要特别强调手段的正当性、合理性与合法性。不是就事论事解决问题，而是运用宏大的整体发展战略来解决问题。不断推进经济全球化和共同安全机制，是中国外交转型的重要抓手。要强化与发展中国家关系，尤其是与新兴市场中国家关系，努力搭建新的多边合作平台，在国际议题方案设计和实施中发挥创新引领和带动作用。中国外交还应实现更大的战略覆盖、更广的领域探索、更多的建设性合作、更深的利益交融，为推动构建人类命运共同体奠定坚实基础。

（二）实现国家战略布局的整体性转变

中国必须强调大局观、整体观，以更大范围、更高程度的开放合作化解局部的、阶段性的冲突问题，而不是小步对小步的回应或阶段对阶段的对应，更不是以小布局解决大的战略问题。

树立全球一盘棋的整体观念，从全球战略布局的视角来认知周边大局，战略设计实现全方位覆盖。同时，以外线防守反击破解内线围堵。中国的外交战略规划需要打破原有地理划界，确立和拓展大周边概念。大格局、大视野、大布局，是中国特色大国外交的一大特点。中国-中亚命运共同体、人类卫生健康共同体、周边命运共同体、中拉命运共同体、中非命运共同体，以及亚洲基础设施投资银行、亚太自贸区构想、丝路基金，都是大战略的体现。历史使命感和纵深感驱动的中国外交正在形成新的全球世界观，这体现了中国对国际政治、全球事务新角色的重新认识和新的世界意识的出现。

在战略规划上，中国需要实现内外部平衡，改变单一型对外依赖。立足于自身与向外拓展相结合，向内与向外共同发展，使中国的发展更有保障。同时，中国更应发扬传统文化的核心理念，以和合思想促进文明多元共存，坚持公平正义、民主人权等共同价值。

要更主动地发挥建设性影响，实现战略破局，需要立足于三个方面：一是大国联合，以中俄为主轴，向大周边国家——中东欧、中亚、南亚、东南亚辐射；二是发展中国家群体性联合；三是区域整合。这些都对中国外交的能力建设带来了新的挑战。

中国要推动全方位外交。协调好、稳定好大国关系，同时发展好与发展中国家关系，两者缺一不可，必须注重综合平衡。随着综合国力进一步增强，中国尤其需要处理好与传统大国的关系，同时建立与发展中国家间的发展合作，协调好发展中国家与发达国家的关系。

中国应实现更加全面的开放。面对逆全球化和"脱钩"风险，中国的一个应对之策是要利用好自身由世界工厂向世界市场的转型期，发挥好中国市场的全球影响和杠杆作用。

　　总之，在走向强国的道路上，中国首先必须进一步明确自身的目标定位。在复杂的世界变局之中，中国更需要保持冷静与理性，注重战略取舍，围绕目标设定进行全面综合的战略规划，形成相互协调的整体布局，以更有效的方式保障发展目标顺利实现。大战略目标和路径之间必须具有联系性、可行性和可操作性，同时也要强调探索性、创新性。在构建新型国际关系方面，中国应更多地建章立制，探索保护海外利益和推动世界繁荣的新方式。中国特色大国外交强调大国视野、整体布局、创新驱动，需要具有全球影响的战略规划与布局，其核心是开创新型大国的创新发展道路。

第九章

中国外交的多目标战略与战略排序

　　中国处于复兴的征程之中，面临各种新型的任务和挑战。在这个过程中，如何平衡各种议题的关系，如何在总的战略目标前提下优化战略目标的排序，直接关乎如何继续推进中国特色大国外交，也决定着未来怎样更好地实施和平发展战略。党的十八大以来，中国特色大国外交成就斐然，外交目标不断拓展、充实和丰富。全面建成社会主义现代化强国、实现第二个百年奋斗目标，以中国式现代化全面推进中华民族伟大复兴，我们既要和平发展，维护中国的主权、安全，又要引导经济全球化，推进全球治理；既要推进"一带一路"倡议落地生根，又要推动全球发展的可持续、公平与均衡。可见，中国外交当前面临多维的战略目标，这些目标之间可能是相互平行而不冲突的、也可能是相互竞争而必须取舍的，这就要求中国在多个战略目标之间进行合理排序，作出合理战略决策，即在决策过程中，中国必须坚定明确的战略方向，综合平衡多个战略目标，实现合理的战略排序。

　　战略决策具有全局性、根本性、决定性，也是方向性的指引和纠偏。一旦战略决策转变，就会引发相关的一系列调整。比如，改革开放将党的工作重点从阶级斗争转向经济建设，确定了以经济建设为中心的新的战略方向。据此，首先就要调整与一些大国尤其是传统强国的对立关系，改善关系后方能引进资金技术。同时，要发展经济，就要对外开放，保持周边稳定，于是中国率先裁军，释放和平友好信号，将对外关系从对抗性、竞争性变为合作性、互利性。这一系列政策调整的主线都是由以经济建设为中心这一重要战略决定的。经过 40 余年改革开放，中国经济已由粗放式发展转变为创新驱动发展，要形成自主发展特色、保持战略自主性，也要扩大在世界上的影响。这就要求变依赖性过大的合作关系为对称性合作关系，拓展新型伙伴关系网络。对外开放格局要更加深入、更有效地扩大影响力，同时保障中国以及地区的和平与安全，这就需要构建新型安全观、合作观、地区观和国际秩序观。

　　显然，战略排序讨论的正是重大外交战略的方向性问题，其重要性是不言而喻的。正如保罗·肯尼迪所言，所谓大战略，就是确定国家面临的主要威胁及其优先排序和应对方案的组合。[1]当前，国内外对战略排序尚缺少系统性的学术研究。对中国特色

---

〔1〕 保罗·肯尼迪著,陈景彪等译:《大国的兴衰:1500—2000 年的经济变迁与军事冲突》,北京:国际文化出版公司,2006 年版,第 431 页。

大国外交的战略排序进行再梳理与分析具有必要性。为此，本章尝试引入多目标决策[1]的分析方法，对中国特色大国外交的战略排序进行探讨并试图给出一些参考性的结论。

一、多目标决策理论与中国外交战略排序的要义

决策就是一组具有长远影响的决定，是一系列的资源分配。决策的过程就是选择最好的方案，以有限的资源来达到目标。这里有三个重点：第一，有限的资源；第二，明确目标；第三，选择方案。[2]

多目标决策通常需要在一个大目标之下的一系列子目标之间进行排序。外交战略排序也是在中国总体发展战略指引下的一种多目标决策，因此适用于多目标决策分析框架。

（一）多目标决策的理论要义与分析框架

在现代决策活动中，多目标决策问题是实际中遇到的最多的决策问题。只有一个目标的决策问题称为单目标决策问题，相应

---

[1] 多目标决策兴起于第二次世界大战末期，法国经济学家帕累托是国际上公认的最早提出多目标决策问题的学者。20世纪60年代，多目标决策理论和方法趋于成型。1961年，查恩斯和库珀在《管理模型和线性规划的工业应用》一书中首次提出了目标规划（Goal Programming, GP）的概念。20世纪70年代，多目标决策研究取得了长足进展。1972年10月，在美国南卡罗来纳大学举行了第一届多目标决策的国际会议并将会议论文结集出版。在多目标决策的研究方面，中国起步较晚但发展迅速。1981年，全国首次多目标决策会议在北京召开。参见方国华、黄显峰：《多目标决策理论、方法及其应用》，北京：科学出版社，2011年版。

[2] 王嘉陵：《决策思维》，北京：东方出版社，2009年版，第8页。

的求解方法称为单目标决策方法。具有两个或两个以上目标的决策问题称为多目标决策问题，相应的求解方法称为多目标决策方法。多目标决策是指在多个目标相互矛盾、相互竞争的情况下所进行的决策。使用多目标决策方法，能适应问题的各种决策要求，扩大决策范围，有利于决策者选出最佳均衡方案。多目标决策能给出各个目标之间大量利弊得失的转换对比关系，增加决策信息，便于决策者选择。根据需要，多目标决策也可给出所有方案的排列顺序，还可依据决策者的偏好或价值观给出相应的方案。由于在决策时须同时考虑满足多目标的要求，而且多个目标之间往往又相互制约、相互矛盾，具有矛盾性、复杂性和不可公度性，因而多目标决策问题变得更加复杂。[1]

各目标之间的矛盾性是指多目标决策问题的各个备选方案在各目标之间存在某种矛盾，也即如改善某个方案中某个目标值，可能会使另一个目标值变坏。例如修建水坝，选择高坝大库，可以提高发电量和防洪效益，但却同时加大土地淹没损失和移民问题。[2]

多目标决策存在复杂性，必须进行权衡。明智的权衡是决策过程中一项最重要也是最困难的挑战。可选方案越多，追求的目标越多，需要进行的权衡也就越多。决策之难，并不在于需要进

---

〔1〕　杨保安、张科静：《多目标决策分析理论、方法与应用研究》，上海：东华大学出版社，2008 年版，第 5 页。
〔2〕　同〔1〕，第 9 页。

行的权衡为数众多，而在于每一个目标都有其自己的比较基础，不仅要在苹果和橘子间进行权衡，而且要在苹果、橘子和大象间进行权衡。[1]

由于目标之间还存在不可公度性，即各目标没有统一的度量标准或计量单位，因而难以进行简单比较。换言之，不能用求解单目标决策问题的方案去求解多目标决策问题。单目标决策可以找到最优解，而多目标决策则很难找到最优解，往往只能寻求次优解。

因此，多目标决策理论不仅要求决策时要确定优先级、守住底线，还应考虑不确定性。首先，要确定优先级，也即重点。在资源有限的情况下，可能无法同时同样完美地实现每一个目标。如果目标长远、多元，挑战又多，就有设定优先级的必要。要设定阶段性的重点目标，并且在各种达到目标的可选方案中也要分出轻重缓急。[2] 在确定优先级的过程中，要避免"所有事情都一样重要"，混淆"紧迫性"和"重要性"、"重要性"和"影响力"，做出不明确的取舍。[3] 由于目标之间存在相互影响和矛盾之处，因而需要折衷与平衡。加权法是人们日常处理多目标决策问题，寻求非劣解的主要方法之一，其基本思想是先将向量问题

---

〔1〕 约翰·S.哈蒙德等著,孙涤等译:《决策的艺术》,上海:上海人民出版社,2003年版,第91页。

〔2〕 王嘉陵:《决策思维》,北京:东方出版社,2009年版,第46页。

〔3〕 同〔2〕,第49页。

的各个目标函数赋予一定的权重构成一个单目标的优化问题，然后再通过改变各个目标的权重值，从而生成多目标优化问题的非劣解集。[1] 利用加权法，对各个目标优先级进行排列，有助于确定一个阶段内少数相对优先的目标。

其次，要确定底线。底线是决策的第一优先级。决策者首先要守住底线，即首先分配有限资源以维护底线。底线与目标是相互呼应的，底线的作用在于防止决策者自己的选择摧毁达到目标的可能性。不考虑有可能穿越底线的方案，才有可能达到目标。[2] 比如，中国的主权与核心利益就是中国外交决策的底线，如果这一底线受到侵害，所有其他目标都要让位。正如习近平总书记强调："要坚持把国家主权和安全放在第一位，贯彻总体国家安全观，周密组织边境管控和海上维权行动，坚决维护领土主权和海洋权益，筑牢边海防铜墙铁壁。"[3]

再次，要充分考虑到不确定性。列出可能对任何一种可选方案的最终结果产生重大影响的所有不确定因素，逐一考虑并确认它们可能的种种结果是否以及在何种程度上可能对决策产生影响。当存在许多可能的不确定性因素时，需要筛选少数可能影响

---

〔1〕　杨保安、张科静：《多目标决策分析理论、方法与应用研究》，上海：东华大学出版社，2008 年版，第 157—158 页。

〔2〕　王嘉陵：《决策思维》，北京：东方出版社，2009 年版，第 47 页。

〔3〕　《习近平在接见第五次全国边海防工作会议代表时强调：强化忧患意识使命意识大局意识 努力建设强大稳固的现代边海防》，载《人民日报》，2014 年 6 月 28 日，第 1 版。

最重大的因素。[1] 如此才可能确保选定目标与决策意愿之间的统一。

（二）中国外交多维战略目标的选择与平衡

当前，中国外交由主要服务于发展经济转向为经济发展与国际影响力提升双重目标服务。同时，中国的复兴与推动人类进步的大战略目标必须一系列复合子目标的共同实施才能够实现。中国特色大国外交的目标正在不断转化与丰富，由追求独立性、自主性向谋求主动性转变，生存性目标与发展性目标相互影响，主权、安全与发展三大目标形成三位一体的立体架构。这样的全方位外交必然需要引入多目标决策理论。

多维的战略目标需要总体战略的方向性引导，否则决策就会陷入迷茫。在战略总目标确定之后，下一步就面临许多并进的分目标，它们往往具有平行性和同等重要性，需要战略决策者统筹、协调、综合、平衡，对资源作出合理安排。盲目的多面出击会使自身丧失竞争优势，因此总目标与分目标必须保持一致性。这意味着，中国在国际舞台上需要实现的目标越来越多，但同时又要避免四面出击、平均用力。要实现资源的有效调度，有所取舍、有所选择，而不是全面的、没有节制的铺开。比如，在和平

---

[1] 约翰·S. 哈蒙德等著,孙涤等译:《决策的艺术》,上海:上海人民出版社,2003 年版,第 125 页。

发展的总目标指引下，中国外交上的具体目标不断丰富增加：推动共建"一带一路"、构建人类命运共同体、拓展新型伙伴关系网络、保护海外利益、优化国际传播与打赢"舆论战"、占据对美博弈主动权、推动国际政治经济体制变革、实现祖国统一和维护领土完整等等。在这些分目标中，何者为重，何者为先？还是并行并重？资金投入、战略资源如何分布？再如，面对台湾当局的"台独"倾向，我们不承诺放弃使用武力，而"武统"与和平发展会有一定冲突，应当如何应对？又如，海外利益保护的需求日益增长，但中国国际军事行动的范围和程度仍然受限，能力和手段仍然不足。保护海外利益需要增加国防预算，但增加预算会引起国际社会的担忧，影响国家形象。进而，如何在大国关系中实现合作与制衡的统一，更好地实现国际体系的协调与塑造？如何平衡国际体系变革与维持的关系？如何把握引领创新与完善参与国际机制的关系？所有这一切都涉及多目标决策下的战略排序问题，都需要外交战略决策者和研究者厘清和回答。

中国外交要为实现第二个百年奋斗目标和中华民族复兴伟业服务，要营造良好的外部环境。而面对转型过渡期与百年变局相互交织、美西方制裁打压进一步加剧的局面，中国更要增强解决难点、热点问题的能力。中国更大范围、更宽领域、更高层次的开放，将使中国外交面临的干扰变量更多，中国必须从系统论出发、梳理优化分目标之间的关系，加强全局观念，在多重分目标中寻求动态平衡。

二、中国外交战略排序的原则

每个大国在每个阶段都面临诸多选择，也面临一系列选择难题。为了抵御风险，大国需要多元化战略；为了避免四面出击，大国又需要突出优势战略。发展需要稳定与安全，要稳中求强、稳中求快。要居安思危，同时又要居安思进。如前所述，当前中国总的战略目标是中华民族伟大复兴。因此，在内部需要增强国家综合能力，提升国家治理水平；在国际上要强化国际影响力，形成全面、可持续、综合的国际治理能力。当前的任务突出全方位，更具综合性。除了维护经济安全，还需要兼顾同等重要的政治安全、发展安全。

那么，根据多目标决策理论，怎样才能够把握好多个目标之间的平衡、突出重点、抓住主要矛盾？当排序难以进行，子目标之间难分伯仲，就必须对多目标进行权衡，对权重进行赋值，在重要性、紧迫性、可行性与合理性这四大因素的加权中进行协调梳理，同时兼顾对底线和不确定性因素的考量。

第一，重要性。此即决策目标与国家重大或核心利益的密切程度，这是衡量其重要与否的关键。目标本身是否涉及国家核心或重大利益关切，是否涉及国家主权、安全和发展的核心议题，是否关乎发展战略全局、牵一发而动全身，诸如此类都是对重要性的考量。正如习近平总书记强调："面对复杂形势、复杂矛盾、繁重任务，没有主次，不加区别，眉毛胡子一把抓，是做不好工

作的。"〔1〕

第二，紧迫性。虽然决策目标与国家利益高度相关，但其是否有时效的要求？必须马上解决还是可以从长计议？徐进认为，以往的战略研究更多把"时间"作为一个背景性因素，而非战略的内在变量，导致战略学在时间与战略运行的关系上研究不足。他提出了一个"时间与战略目标耦合"的分析框架，并用案例分析了扭曲时间维度对战略目标成败的影响。〔2〕不难察觉，战略目标排序除了要重视"时间"这一内在变量，还要关注决策者的时间视野问题。大卫·埃德尔斯坦探讨了时间因素如何影响政治领导人的决策，并研究了外交互动双方的比较时间视野。〔3〕遗憾的是，两位学者对时间与战略目标的研究更多聚焦在单一目标的时间设定以及两个目标完成时间长短的比较上，尚未深入论述多个目标如何排序的问题。

第三，可行性。也即是否具有实力优势完成目标，能否占据主动，能否在实践操作层面得以实施。目标虽有重要性和紧迫性，但在实践层面难以推动，或只能简单推动都会带来不良后果乃至两败俱伤，则推进目标仍不可行。比如，两个大国因某个重

〔1〕《继续把党史总结学习教育宣传引向深入 更好把握和运用党的百年奋斗历史经验》，载《人民日报》，2022年1月12日，第1版。

〔2〕徐进：《时间维度与战略目标》，载《国际政治科学》，2021年第1期，第1—23页。

〔3〕David M. Edelstein, *Over the Horizon: Time, Uncertainty, and the Rise of Great Powers*, Ithaca: Cornell University Press, 2017, pp. 10-37.

大问题引发危机，导致擦枪走火或误判并带来难以挽回的后果。换句话说，即便问题具有重要性和紧迫性，仍需选择能够规避风险的解决方式。所以，可行性还包括灵活运用策略的问题。习近平总书记指出："正确的战略需要正确的策略来落实。策略是在战略指导下为战略服务的。战略和策略是辩证统一的关系，要把战略的坚定性和策略的灵活性结合起来。"[1]

第四，合理性。目标是否具有国际道义？能否形成有利的信誉？能否增加本国的无形资产？是否与和平发展的总目标保持一致？霸权式的殖民掠夺选项显然不在中国外交的选择方案之中。合理性还意味着恰当安排目标的先后顺序。有些迫切的事情并不就是最为重大的事情。迫切的事情需要及时处理，但不能影响或干扰重大的战略选项。要审时度势，顺势而为。实力是有限和相对的，必须对实力进行合理搭配、统筹协调，确保目标的实现不超出自身实力的范畴。

战略排序涉及目标之间的权重，要考虑决策涉及的各个因素，以及它们之间如何进行平衡和协调。首先必须以对于总目标的重要性来区分。如果重要性显著，就需要考虑紧迫性。在重要性和紧迫性叠加的情况下，则需要考虑可行性，即是否具备实力、国际影响如何。目标的选择排序还必须考虑合理性问题，即

---

〔1〕《继续把党史总结学习教育宣传引向深入 更好把握和运用党的百年奋斗历史经验》，载《人民日报》，2022年1月12日，第1版。

是否客观理性。决定战略排序，对重要性、紧迫性、可行性与合理性四者的考虑缺一不可。

　　由于中国外交已进入全方位、立体化、网络化的阶段，在战略排序和决策的过程中，特别需要注意以下几点：首先，决策要避免求全责备。决策时谋求两全其美，甚至是十全十美，往往难以奏效。因为决策往往面临两难或三难选择，只能够二选一或三选一而不可兼得，必然需要取舍和协调。战略排序意味着战略聚焦与分散化、广泛化之间的平衡。合理的战略排序应充分意识到各战略目标彼此的关系和互动影响，基于全局性的考量、区域性的安排，以及重点与次重点的兼顾与呼应。对于重点的选择就是战略性的选择。习近平总书记指出："战略问题是一个政党、一个国家的根本性问题。战略上判断得准确，战略上谋划得科学，战略上赢得主动，党和人民事业就大有希望。"[1] 所有子目标的排序与选择都要围绕维护主权、安全、发展这一三位一体的大战略目标展开。其次，划分阶段、循序渐进。阶段性是确定和解决好战略排序的关键所在，即确定下一个最为重要的阶段性目标是什么。阶段性目标不能偏离核心目标，也不能因阶段性目标影响长远目标。要解决好阶段性目标与长远目标的关系。只有确定每一个阶段的目标任务，才能够合理界定战略排序。阶段性调整和

---

〔1〕《继续把党史总结学习教育宣传引向深入 更好把握和运用党的百年奋斗历史经验》，载《人民日报》，2022年1月12日，第1版。

变化不能偏移总目标、背离总目标的实现。习近平总书记指出：
"把握好全局和局部关系，增强一盘棋意识，在重大问题上以全
局利益为重。要把握好当前和长远的关系，放眼长远认真研究，
克服急功近利、急于求成的思想。"[1]

中国正处于对自身国家利益进行重新界定和评估的过程之
中，随着开放合作进一步深入，海外利益也在不断扩大。在这个
时候，需要格外理性和谨慎。对于哪些利益是核心利益，哪些是
重大利益，我们必须做到心中有数。而如何维护和捍卫这些利
益，哪些手段适合于哪些利益，则更要仔细权衡和考量，以免目
标过大或力所不逮。要抓主要矛盾、抓矛盾的主要方面，坚持有
理有利有节，合理选择斗争方式、把握斗争火候，在原则问题上
寸步不让，在策略问题上灵活机动。要根据形势需要，把握时、
度、效，及时调整斗争策略。[2]

三、未来中国外交战略排序的重点

中国这样的新兴市场国家需要解决的问题很多，但却难以在
短时期内全部解决，因此始终面临战略排序的难题。困扰决策者
的往往是众多选项而不是目标本身。显然，诸多平行目标成为战

---

[1] 《咬定目标脚踏实地埋头苦干久久为功 为黄河永远造福中华民族而不懈奋
斗》，载《人民日报》，2021年10月23日，第1版。
[2] 《发扬斗争精神增强斗争本领 为实现"两个一百年"奋斗目标而顽强奋斗》，
载《人民日报》，2019年9月4日，第1版。

略排序的难点。必须以辩证视角进行综合平衡，既要看到事物发展的两面性，又要突出重点，把握好矛盾的主要方面。抓主要矛盾就是谋势之举。

　　第一，中国外交的战略排序需要明确战略总目标，并使分目标服务而不是偏离总目标。中国外交政策的宗旨就是维护世界和平、促进共同发展，为国内深化改革、实现"两个一百年"奋斗目标营造良好外部环境。[1] 要高举和平、发展、合作、共赢的旗帜，统筹国内国际两个大局，统筹发展安全两件大事，牢牢把握坚持和平发展、促进民族复兴这条主线，维护国家主权、安全、发展利益，为和平发展营造更加有利的国际环境，维护和延长我国发展的重要战略机遇期，为实现"两个一百年"奋斗目标、实现中华民族伟大复兴的中国梦提供有力保障。[2] 可见，中国外交的主线是和平发展，而维护主权、安全、发展利益，营造有利国际环境，延长发展战略机遇期，都可以说是平行目标。主权、安全、发展利益与国际环境和战略机遇期存在正相关，有利的国际环境和战略机遇期可以促进维护主权、安全、发展利益。但主权、安全、发展又是底线，其他目标都必须服务于主权、安全和发展利益。正如习近平总书记强调："要坚持把国家

---

〔1〕《习近平接受拉美四国媒体联合采访》，载《人民日报》，2014年7月15日，第1版。

〔2〕习近平：《论坚持推动构建人类命运共同体》，北京：中央文献出版社，2018年版，第198页。

主权和安全放在第一位，贯彻总体国家安全观，周密组织边境管控和海上维权行动，坚决维护领土主权和海洋权益，筑牢边海防铜墙铁壁。"[1] 由此，在习近平新时代中国特色社会主义思想指引下，中国的最大利益在于确保迈向强国的进程不被中断，实现"两个一百年"奋斗目标不被阻挠。大的选择已经做出，一系列次级选择和操作均需与之匹配和协调，其它所有利益和目标均应服从和服务于大的目标和方向。[2]

第二，要分清轻重缓急，处理好重要性与紧迫性的关系问题，突出重点、兼顾平衡、以点带面。国家利益虽然具有一定的动态性，但在新时期，中国的核心利益仍然是国内稳定与安全，营造与经济相关联的各种周边关系和国际合作局面，保护中国的海外利益。我们需要统筹协调国内国际两个大局，在国内产业结构调整和双循环、国际贸易和海上运输线安全，以及国际影响力等要素之间形成有利的动态平衡，在变革国际组织、稳定国际格局、完善国际秩序、丰富全球治理、加强国际舆论引导和保护海外利益等方面强化协调。"一带一路"倡议是阶段性重点，"一带一路"建设是扩大开放的重大战略举措和经济外交的顶层设计，

---

〔1〕《习近平在接见第五次全国边海防工作会议代表时强调：强化忧患意识使命意识大局意识 努力建设强大稳固的现代边海防》，载《人民日报》，2014 年 6 月 28 日，第 1 版。

〔2〕博莹：《把握变局，做好自己，迎接新的全球时代》，载《世界知识》，2019 年第 19 期，第 18—21 页。

要找准突破口，以点带面、串点成线，步步为营、久久为功。[1]
发展是解决一切问题的总钥匙。推进"一带一路"建设，要聚焦
发展这个根本性问题，释放各国发展潜力，实现经济大融合、发
展大联动、成果大共享。[2]

　　概言之，中国外交战略需要努力维护与实现以下目标：一是
维护国家稳定，防范内外部因素破坏；二是捍卫主权稳定与领土
完整；三是维护和拓展能源经济生命线，开拓能源多样化来源；
四是维护地区稳定和全球秩序；五是为全球贸易和经济建设服
务。这五大目标又可归纳为四个方面：一是国家主权与国家稳
定；二是周边安全与发展利益；三是战略自主性；四是国际影响
力。可以看出，新时代的战略目标不仅局限于主权与领土维护等
问题，而且要适时合理地向扩大国际影响力转变。[3] 也就是说，
在维护主权安全这一核心底线利益之外，还应特别注重以下战略
目标的排序和相互衔接，如图9-2所示。

---

　　〔1〕 习近平:《以新的发展理念引领发展》(2015年10月29日),载习近平:《论坚
持全面深化改革》,北京:中央文献出版社,2018年版,第172—173页。

　　〔2〕 习近平:《习近平谈"一带一路"》,北京:中央文献出版社,2018年版,第182
页。

　　〔3〕 王帆:《新开局——复杂系统思维与中国外交战略规划》,北京:世界知识出版
社,2014年版,第208—209页。

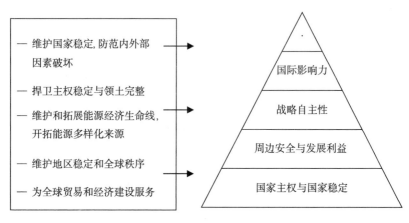

图 9-2 中国需要维护的五大战略目标及其基本排序

（一）提升国际影响力，完善和变革国际秩序

要着力提升国际影响力，重视多边外交与全球治理具有深远的重大意义。中国与外部世界互动的加强，也要求中国避免单纯从意识形态和地缘政治的角度衡量国内外战略环境、制定外交政策。中国外交应通过进一步深度融入国际社会，依靠现有国际多边机制来实现中国的国家利益和人类共同利益。推进中国特色大国外交，中国将继续采取不结盟、不搞势力范围、反对殖民掠夺的方式发展和壮大自身，推动人类共同繁荣与进步。通过提升在国际组织（如联合国、国际货币基金组织）中的地位，强化议题设计能力和话语权，传承与发展中国家的历史关系，以及努力拓展和世界各地区的战略伙伴关系等方式，合理、建设性地承担中国责任、发挥中国影响，多边平台和国际机制的重要性因而得以

凸现。

国际影响力并非战略目标中的原发性议题，而是诸多子目标递进而来的高阶目标。从中国发展的大目标即营造和平发展的国际环境及一系列相关子目标来看，国际影响力这一综合性、联系性和贯通性的目标可以起到提纲挈领、纲举目张的作用。换言之，国际影响力的提升这一目标可以起到统筹协调诸多战略性目标的作用，成为战略议题排序中的重中之重。国际影响力也是中国外交由顺势到谋势再到塑势转变的关键一招。无论是经济全球化、全球治理、国际体制改革，还是气候变化、网络安全、科技合作、极地开发等次级目标，都可以通过国际地位和国际影响力的提升而得以解决。

按照西奥迪尼的说法，影响力的发挥取决于互惠、权威、言行一致、社会认同、多数人的喜好、稀缺性等。[1] 相对而言，实力增长与国际影响力成正比，但如何更好地发挥国际影响力却因国而异。中国作为具有全球性影响的大国，更要在国际影响力方面发挥特殊作用，具体包括利用已有平台推进现有制度变革与完善，搭建新平台，提升话语权、规则制定权，加强国际人才培养等。近些年，中国通过先进理念和独特方式，带动发展中国家群体发展，在金砖国家、二十国集团等多边机制中的创新和示范

---

〔1〕 罗伯特·西奥迪尼著，闾佳译：《影响力》，北京：北京联合出版公司，2019年版，第3页。

作用越来越大。然而，在更多的国际组织、多边合作平台中间，中国的推动和引领作用仍然十分有限。按照布热津斯基的说法，全球性强国意味着真正在全球军事能力方面占有绝对优势、重大的国际金融和经济影响力、明显的技术领先地位和有吸引力的社会生活方式——所有这些必须结合在一起，才有可能形成世界范围的政治影响力。[1] 中国的互利共赢理念、公平正义的价值追求、信守承诺、国际认同度和独特性等基本契合影响力的标准，但影响力的发挥还取决于制度层面的地位和作用。中国在一些国际组织中具有强大影响力，比如联合国安理会、金砖机制、上海合作组织、亚洲基础设施投资银行等，但在世界贸易组织、亚洲开发银行、联合国专门机构中仍然缺乏有效影响力。中国在绿色经济、数字经济、基础设施建设、气候变化应对、反恐、防止大规模杀伤性武器扩散、打击国际贩毒、促进全球减贫、流行疾病防治等领域的作用不断增大，而在区域一体化、跨区域合作、人口问题与难民问题等领域所发挥的作用仍有不足。

影响力的发挥有两个要点。一是促进大国协调机制，尤其是多边国际机制中的大国协调仍是关键所在。中国需要在多边协调机制中发挥更大作用，惟有如此，中国的国际影响力才有更为有效的立足点。当然，影响大国并非对抗大国。思路上应由如何与

---

〔1〕 布热津斯基著,韩红译:《如何与中国共处》,载《战略与管理》,2000 年第 3 期,第 67—77 页。

其他大国竞争影响力，创造性地转为如何形成更有引领性和优势的影响力。二是拓展国际平台，不仅利用已有平台，还要搭建新的平台。提升影响力要有带动作用，因而问题又转化为如何更好地发挥组织引领作用的问题。显然，制度性影响力的提升又成为关键。为此，需要在理念、议题、人才、心态等方面进行充分而扎实的准备。

中国发挥国际影响力将更多立足于自身形象和能力的改善，而不是削弱他国的影响力。中国的发展不是通吃或独占，而是共赢，不是战胜他国，而是战胜自己、超越自己。中国的影响力必须是正面的、和平的、合作共赢的，推动国际社会发展更加均衡、公正与合理。中国复兴在国际上就是公平发展的体现，大批发展中国家共同推动国际秩序向着更加公正合理的方向发展。而作为世界上最大的发展中大国，中国有责任带动发展中国家共同发展。

中国发挥国际影响力，需要不断克服来自国际社会的各种阻力，中国正处于扩大影响力的关键转型期。"北京正在引发美国以及美国许多盟友的共同抵制。从战略角度来看，在可预见的未来，中国把力量投射与全球范围内的政治和经济影响力结合起来的能力将受到限制。中国推动自身经济发展需要世界其他国家，这就制造了潜在的弱点。"[1] "就国际特征而言，中国作为崛起的大国处于劣势地位。它在多边场所的领导作用较弱，在全球话语中的影响力不如现在的强国美国。中国军队缺乏力量投射能力，这限制了其提供公共安全产品的能力，而正是这些帮助美国取得了全球领导地位。这些弱点反证了美国的优势，但同时也凸显出了中国可能在未来几年应对的领域，如果中国希望提高自己竞争地位的话。"[2] 未来，"争夺市场、技术和资源的全球性斗争与争夺影响力和国际领导地位的日益激烈的政治斗争将重叠在一起"[3]。随着实力进一步壮大，中国尤其需要处理好与传统大国的关系。

中国发挥国际影响力，要统合涉及的相关领域和因素。国际影响力的议题涉及面十分庞大，既有经济的，也有政治的，更有安全、科技的，还有地缘因素，甚至是这些因素的综合作用问题。必须强化总体设计，横向打通。避免各自为政，相互制约。从国际影响力角度来看，人心向背最为关键。国际道义的因素不可或缺，既要有物质层面和技术层面的积极参与，也要有符合时

　　〔1〕　Jessica Chen Weiss, "The Cold War Is a Poor Analogy for Today's U. S. - China Tensions", https://www. washingtonpost. com/politics/2021/07/12/cold - war - is - poor - analogy-todays-us-china-tensions/.

　　〔2〕　Timothy R. Heath, Derek Grossman and Asha Clark, "China's Quest for Global Primacy: An Analysis of Chinese International and Defense Strategies to Outcompete the United States", https://www. rand. org/content/dam/rand/pubs/research _ reports/RRA400/RRA4 47-1/RAND_RRA447-1. pdf.

　　〔3〕　同〔2〕。

代发展趋势的理念设计。把中国建设成一个强国，这个强国应该是经济、政治和军事、文化上的综合强国。中国重获大国地位的关键是实现社会主义现代化。中国外交要建立基于互信的全方位合作关系，努力营造良好的国际环境和周边环境。

（二）提升综合国力，增强战略自主性

基于自身实力的跃升，确保中国的发展具有充分的自主选择性是未来战略谋划的当务之急。只有不断增强中国的综合实力，才能够强化中国的国际地位。

当前，中国与外部世界关系已发生深刻变化。20 世纪 90 年代初，中国经济仅占世界经济总量的 1.59%，如今升至 18% 左右。[1] 2013—2021 年，中国对世界经济增长平均贡献率达 38.6%，已成为世界经济增长的第一动力，[2] 中国经济与世界经济之间也有很强的相互依赖。中国与外部世界的互动成为不可忽略的因素。自由贸易使贸易全球化、生产全球化前所未有，全球贸易的 80% 由全球价值链贡献。企业间、国家间的紧密联系和彼此依赖已达到唇亡齿寒的程度。[3] 中国与世界的相互依赖在带来互惠互利

---

〔1〕　The World Bank, " GDP (current US dollar)", https：//data. worldbank. org/indicator/NY. GDP. MKTP. CD？ end＝2020&name_desc＝false&start＝1960&view＝chart.

〔2〕　《2013—2021 年,对世界经济增长平均贡献率达 38.6%——我国成世界经济增长第一动力》,http：//www. gov. cn/xinwen/2022－10/02/content_5715614. htm.

〔3〕　王俊生、秦升:《从"百年未有之大变局"中把握机遇》,载《红旗文稿》,2019年第 7 期,第 14—17 页。

的同时也呈现出脆弱性。经济全球化是一把双刃剑，既为全球发展提供强劲动能，也带来一些新情况新挑战，需要认真面对。新一轮科技和产业革命正孕育兴起，国际分工体系加速演变，全球价值链深度重塑，这些都给经济全球化赋予新的内涵。[1] 在新冠肺炎疫情考验面前，中国抗风险促经济的能力得到国际社会高度认可，这有助于中国国际地位的提升。中国在全球产业链和供应链中不可替代的作用得到进一步确认，也为中国的发展提供了更多更大的自主选择。

　　未来仍有大量工作要做。疫情是对所有国家的大考。新形势下的经济发展面临诸多不确定性。要切实强化战略性资源韧性，防范金融风险，促进高科技价值链升级，积蓄新的增长动能。科技创新与超越是中国国家实力和国际地位提升的关键步骤，也是中国战略自主的根本保障。习近平主席强调："我们正面临增长动能的深刻转变。当前，改革创新成为各国化解挑战、谋求发展的方向。结构性改革的正面效应和潜能持续释放，对各国经济增长的促进作用进一步显现。新一轮科技和产业革命形成势头，数字经济、共享经济加速发展，新产业、新模式、新业态层出不穷，新的增长动能不断积聚。"[2] "未来10年，将是世界经济新

---

　　[1]《深化伙伴关系 增强发展动力——在亚太经合组织工商领导人峰会上的主旨演讲》，载《人民日报》，2016年11月21日，第3版。
　　[2] 习近平：《抓住世界经济转型机遇 谋求亚太更大发展——在亚太经合组织工商领导人峰会上的主旨演讲》，载《人民日报》，2017年11月11日，第2版。

旧动能转换的关键 10 年。人工智能、大数据、量子信息、生物技术等新一轮科技革命和产业变革正在积聚力量，催生大量新产业、新业态、新模式，给全球发展和人类生产生活带来翻天覆地的变化。我们要抓住这个重大机遇，推动新兴市场国家和发展中国家实现跨越式发展。"[1]

战略主动性的寻求是一个重大紧迫且需要长期坚持的任务。只有狠抓前沿，推进具有颠覆性的科技变革，才能够确保中国发展的主动性和自主性，继续把握不可多得的战略机遇期，避免在大国竞争中落伍掉队。

（三）维护周边总体安全与发展

世界大变局不会一蹴而就，新时期国际形势更加错综复杂，国际环境的不稳定、不确定因素显著增多。在周边外交方面，尤其要注意平衡好大国关系与周边关系，维护周边总体安全局面，同时加强应急突发事件处理能力。

第一，处理好大国博弈背景下的周边问题。过去中国外交多用平行法，随事而定：大国是关键，周边是首要，发展中国家是重点。[2] 后来"周边是首要"置于排序前列，但这三者的关系

---

〔1〕 习近平：《顺应时代潮流 实现共同发展——在金砖国家工商论坛上的讲话》，载《人民日报》，2018 年 7 月 26 日，第 2 版。

〔2〕 《〈胡锦涛文选〉第二卷主要篇目介绍》，载《人民日报》，2016 年 9 月 22 日，第 1 版。

如何处理则因事而异。比如朝核问题，对于大国关系而言，如果稳定大国关系优先，则朝核问题的处理就要以维护中美合作为重。如果以地区稳定为要，则中朝关系和合作更具迫切性。如果以重要性、相关性、可行性及合理性这四大要素衡量，则半岛稳定应成为重要的目标。在发展中国家关系与大国关系发生冲突时，如何取舍选择则更为艰难，需要全盘考量。习近平主席强调："中国始终将周边置于外交全局的首要位置，视促进周边和平、稳定、发展为己任。"[1] "对外工作要以运筹大国关系和经略塑造周边为重点，展现新气象，实现新作为，奋力开创新时代中国特色大国外交新局面。"[2] 显然，强调运筹大国关系和经略周边都是重点，表明它们是可以相互兼顾和促进的。中国与周边的合作可以推进区域一体化进程，为经济全球化注入更强劲的动力，发挥示范效应。在周边外交与大国关系中，重点是扶弱合强，发挥一个发展中大国的引导、带动、组织作用。

维系中美关系仍然重要，但是稳定中美关系必须有多边和全球视野与布局，以全方位外交的方式来处理。一段时间内，中美关系堪称重中之重，这是因为经济发展的主要目标赋予中美关系更大权重，现在中美关系稳定对于和平发展仍至关重要。然而，

---

〔1〕 习近平：《论坚持推动构建人类命运共同体》，北京：中央文献出版社，2018 年版，第 276 页。

〔2〕 习近平：《在党的十九届三中全会第一次全体会议上关于中央政治局工作的报告》（2018 年 2 月 26 日），载中共中央党史和文献研究院编：《习近平关于中国特色大国外交论述摘编》，北京：中央文献出版社，2020 年版，第 21 页。

稳定中美关系也需要通过发展与其他国家关系来推动。比如，与俄罗斯发展关系，也在一定程度上可以稳定大国关系和中美关系。以多边外交的积极作为来推进中美关系，就需要在国际机制中发挥更大作用。俄罗斯同西方关系空前紧张，给统筹和发展大国关系和周边关系带来新的挑战，需要善加应对。

第二，维护周边安全，尤其要防范突发事件可能对和平发展的战略机遇期造成冲击。习近平总书记强调："无论从地理方位、自然环境还是相互关系看，周边对我国都具有极为重要的战略意义。思考周边问题、开展周边外交要有立体、多元、跨越时空的视角。"[1] 随着大国竞争与冲突加剧，冲突方式也会变得多样化。大国冲突会在第三方尤其是敏感热点区域以小国"代理人"或区域之争呈现出来。比如，中东地区的战争从来不乏大国博弈的身影，东亚地区的岛屿争端也难以完全规避某些国家争夺区域主导权的战略考量。大国竞争激化也有可能通过一些新形式而得以体现。比如，无形战场的冲突会成为大国冲突的主要形式，贸易战、网络战、金融战造成的伤害有可能高于传统战争。

在周边安全问题上，中美是否会发生军事冲突至关重要。目前，中美之间发生重大军事冲突的风险并未完全消除。一般而言，美国基本不会为中国的周边国家与中国的冲突而战，但很有

---

〔1〕《习近平在周边外交工作座谈会上发表重要讲话强调：为我国发展争取良好周边环境 推动我国发展更多惠及周边国家》，载《人民日报》，2013 年 10 月 26 日，第 1版。

可能策动和间接支持中国的周边国家与中国进行所谓"局部热战"。同样，近年来台海问题也使中美之间的军事冲突风险显著上升。2018年以来，美国对台政策出现新动向，如通过《美国台湾旅游法》、派遣美国海军陆战队保护美国"在台协会"、舰母编队穿越台湾海峡等挑衅性行为，对中美关系稳定发展构成严重挑战和负面影响。当前，中美经济实力差距不断缩小，两国国际秩序之争时有显现，尽管两国都无意诉诸直接军事冲突，但仍需时刻警惕突发事件与国际危机带来的影响。中国尽可能以合理可行的方式处理涉及中国核心利益的一切问题，尽力避免突发危机事态出现，但同时也要做好一切最坏打算和战略预案。追求最高战略目标、防范最坏危机后果是践行战略排序的基本要求。

归纳起来，中国要实现和平发展，就必须营造更有利的国际环境；要引领经济全球化和全球治理，就必须拥有更有利的国际地位和战略自主能力；要实现资源向解决问题的能力转化，就必须提升国际议题设计和执行能力。

形势越复杂，越要谋长远，越要抓大放小。鉴于形势变化的不确定性和可能性，中国必须要有多手准备、多种应对预案，也要有替代战略。简言之，中国复兴是国家总目标，人类命运共同体是外交目标。长远目标是确定的，中短期目标需要不断调整。正如习近平总书记指出："中国外交政策的宗旨是维护世界和平、促进共同发展。中国始终是世界和平的建设者、全球发展的贡献者、国际秩序的维护者，愿扩大同各国的利益交汇点，推动构建以合作共赢为核心的新型国际关系，推动形成人类命运共同体和利益共同体。"[1]

四、结语

随着中国大国外交不断推进，中国的宏观目标更加明确。在总目标确定的情况下，中国外交应更好地为双循环格局和新一轮对外开放战略服务，为有利于中国的和平安全环境服务。因此，中国外交要有与之相配套的更加全面的战略构想。

与此同时，随不同阶段而调整的战略排序和多目标决策将成为中国外交决策所面临的重要议题。我们理应高度重视在多维目标中进行战略排序的问题。国际形势越复杂，一些国家对中国的遏制打压力度越大，中国所面临的干扰变量也将不断增加。因此，必须做好战略规划，科学精细地安排战略资源，把握战略重点和矛盾，协调和把握战略目标之间的动态平衡。保持战略定力，从长计议，努力避免过犹不及和战略透支，为实现总目标而作出正确研判和抉择。

---

[1] 习近平:《在庆祝中国共产党成立 95 周年大会上的讲话》(2016 年 7 月 1 日),载《人民日报》,2016 年 7 月 2 日,第 2 版。

第十章

中国特色大国外交：
形势转变与新型历史使命

　　尽管对中国外交的既有研究所涉及的主题纷繁复杂，但当前学界对"中国特色大国外交的任务与使命"的研究已呈现出深入系统的发展趋势。既有研究不仅涉及中国外交的目标和任务，也关注中国特色大国外交的理论、经验与实践，取得了丰硕的成果。另外，既有研究对当前处在变化与转型过程中的中国外交所肩负的历史任务与使命也有探索性的讨论。然而，这些研究虽然对"引领""带动"等有所论及，但缺少对概念的界定，也没有上升到使命转变的高度。对于新时代、新使命以及如何进一步加强有关中国外交使命的研究还需要进一步拓展。目前，学界对于"引领""带动""融通"等具有重大外交含义的概念及其实践意义的理解和认识尚存不足，而这正是本章试图回答之处。

一、中国外交为什么要发挥建设性影响

21 世纪以来，国际关系不断出现阶段性变化。2001 年的"9·11"事件及 2008 年的金融危机，使世界各国形成了共同抗击非传统安全威胁之势。然而，自 2010 年美国结束伊拉克战争、中国等新兴市场国家经济实力不断壮大、发展中国家与西方传统发达国家的差距逐渐缩小之后，世界各国间形成的"非传统安全是最大威胁"的共识开始弱化，美国等一些国家重拾冷战思维，试图掀起新一轮对抗与冲突的浪潮，大国良性合作向着大国竞争回摆，世界局势出现新的重大变化。一些外部势力不愿看到中国等新兴市场国家的发展一帆风顺，采取各种打压举措，试图从军事、安全、经济等领域全方位阻止中国等国的崛起。中国面临维护本国发展利益的关键阶段。近些年，美国基于霸权焦虑，大搞集团政治，制造和利用国际危机，俄乌冲突被引爆，美国的印太战略不断强化，国际形势复杂严峻。与此同时，中国实力有了实质性提升，国际力量对比朝着有利于进步力量的方向发展。中国的发展进入了新的历史阶段。在这一前提之下，如何把握新的历史节点和历史方位，如何更好地使用自身资源和能力，如何继续争取和维护经济全球化之机、如何继续把握世界和平之机、如何继续把握安全总体可控之机、如何继续把握合作面扩大之机，都是新时代中国特色大国外交的时代课题。

基于各种因变量和自变量的变化，中国外交面临着格局之

变、地位之变、思想观念之变。在这几大关键要素影响下，中国外交战略如何定位？又如何进行新的战略选择？新的着力点是什么？重大举措如何取得更好效果？

面对这一形势，中国特色大国外交必须发挥更大的建设性作用，勇于开拓创新，更好地承担新的历史使命，以走出一条新型大国外交之路。

（一）国际社会存在迷失方向的可能性

国际社会正处于新的十字路口，某些大国基于本国利益至上的原则，试图开历史倒车、搞"新冷战"。贸易保护主义、逆全球化等思潮一度甚嚣尘上，甚至演化为政策层面的贸易战、科技战、"退群"、组建小集团圈子。美国等传统发达国家面临内外部困境。某些国家出现责任转移、负担转移，全球层面出现了一些力量真空。2021年4月，习近平主席在博鳌亚洲论坛2021年年会开幕式上的视频主旨演讲中指出："人类社会面临的治理赤字、信任赤字、发展赤字、和平赤字有增无减，实现普遍安全、促进共同发展依然任重道远。"[1] 当前，全球经济增长持续低于预期，潜在增长率下滑，国际贸易和投资低迷，世界经济可能出现多个引擎同时失速进而陷入停滞状态。世界经济要从亚健康完全

---

〔1〕习近平：《同舟共济克时艰，命运与共创未来——在博鳌亚洲论坛2021年年会开幕式上的视频主旨演讲》，载《人民日报》，2021年4月20日，第2版。

走向健康，很可能经历一个长期曲折的过程。[1]

人类正处在大发展大变革大调整时期。同时，人类也正处在一个挑战层出不穷、风险日益增多的时代。世界经济增长乏力，金融危机阴云不散，发展鸿沟日益突出，兵戎相见时有发生，冷战思维和强权政治阴魂不散，恐怖主义、难民危机、重大传染性疾病、气候变化等非传统安全威胁持续蔓延。[2]

全球发展失衡，难以满足人们对美好生活的期待。施瓦布在《第四次工业革命》一书中写道，第四次工业革命将产生极其广泛而深远的影响，包括会加剧不平等，特别是有可能扩大资本回报和劳动力回报的差距。[3] 国际社会混乱需要方向引导，发展不均衡严重、相互隔绝以邻为壑，阻碍了国际贸易和合作的发展。

（二）中国面临的挑战前所未有

中国的发展不可能一帆风顺，会面临各种外部势力的打压，越发展受到的打压遏制越大。以前中国是作为一个地区性大国与美国竞争，现在中国是作为一个有全球影响力的大国与主导大国美国竞争。中国所面临的最大的阻力和挑战仍是霸权国家联盟对

---

〔1〕　习近平：《论坚持推动构建人类命运共同体》，北京：中央文献出版社，2018年版，第282页。

〔2〕　同〔1〕，第415页。

〔3〕　同〔1〕，第404页。

中国的打压。全球层面的西方制度霸权已经成为新兴市场国家群体的发展障碍，而且这是一个短期内无法化解、长期存在的难题。中国只有在全球范围和国际体系层面发力，破解这一崛起困境和发展困境，才能实现新的发展。

中国如何在全球范围和国际体系层面形成新的建设性影响、如何构建新时期中国特色的国际反霸统一战线、如何有效维护日益增长且风险增大的中国海外利益，皆构成中国战略发展中的新难题。可以说挑战前所未有，但机遇也前所未有，中国外交面临新的战略选择。

（三）中国外交需要主动承担更大责任

新冠肺炎疫情后的国际形势存在更大不确定性，发展将更加失衡，各国更需要一个公平、公正、均衡的发展环境，中国外交理应在推动建立一个更加合理的国际秩序方面发挥更重要的独特作用。中国已经成为国际社会重要的自变量和因变量。中国经济持续多年对世界经济增长的平均贡献率超过30%，成为世界经济增长的主要引擎。[1] 中国的国际影响力不断发展，中国也需要适应自身国际影响力的更大提升。

中国要研究如何把自身影响用好用实，成为国际社会积极的

---

〔1〕 《〈中国的全面小康〉白皮书新闻发布会答记者问》，http://www.stats.gov.cn/tjsj/zxfb/202109/t20210929_1822623.html。

建设性力量。中国发挥建设性作用，不是另起炉灶，而是更进一步融入现有国际体制，并在其中努力推动现有体制的完善与变革。这既是基于自身需要，也是基于人类社会发展的必然。中国发挥建设性影响，既要符合中国发展的需要，也要承载推动国际社会进步的重任。

面对不公平、不合理的国际秩序，面对责任赤字、治理赤字、逆全球化动向、贸易保护主义及人类共同的安全问题，中国必须承担起更大责任。随着全球性挑战增多，加强全球治理、推进全球治理体系变革已是大势所趋。这不仅事关应对各种全球性挑战，而且事关给国际秩序和国际体系定规则、定方向；不仅事关对发展制高点的争夺，而且事关各国在国际秩序和国际体系长远制度性安排中的地位和作用。[1]

总之，中国特色大国外交将在国际社会中肩负起两大责任：推动中国与国际社会实现更大发展的责任和推动经济全球化发展的责任；承担两大历史使命：促进国际社会更加公正均衡发展，促进全球范围内发展中国家的群体性崛起。中国特色大国外交要发挥更加主动积极的建设性作用，需要做好方向引领和顶层设计，做到理念创新、实践开创、方案务实。

---

〔1〕　习近平：《论坚持推动构建人类命运共同体》，北京：中央文献出版社，2018年版，第260页。

（四）中国外交需要承载新的历史使命

中国自身的规模决定了中国的大国性。中国所处的特殊历史时代和国家属性，决定了中国不可能复制过去 500 年其他大国的道路，决定了中国这样的大国必须有自身特色。历史上，新旧大国的竞争往往最终以战争的方式解决，赢者通吃，建立殖民地、划分势力范围、形成制度霸权。现在大国间战争成为几乎不可行的选项，新兴市场国家也绝不可能沿用霸权国家的行为模式。那么新兴市场国家如何实现自身超越、如何更进一步发展壮大，也成为中国特色大国外交必须面对的新课题。

大国是决定全球命运的重要力量。中国与历史上其他大国的不同也决定着中国具有特殊的历史使命，要承载新的历史重任，要走出一条新型大国之路。中国正处于历史交汇期，世界也正处于转型过渡期，中国发展处于关键的时间节点。在百年未有之大变局的时代背景之下，从中国影响的范围来看，中国完成了由区域到全球、从边缘到核心的转变；中国的角色地位也随之出现转换，实现了从受援者到援助者、从答题者到出题者、从接轨到铺轨的转变；外交态势上，中国也实现了由被动到主动的转变。所有这一切，都对中国外交的使命与任务提出了更高要求。

当今世界正经历百年未有之大变局。在乱局中保持定力，在变局中抓住机遇，是新时代中国特色大国外交的应有之义。中国已经从站起来、富起来走向强起来。中国外交的着力点也从维护国家主权与领土完整，向着既维护中国自身发展利益，也促进人类发展；既发挥更大的国际影响力、完善与变革现有国际体系，也维护公平公正、构建人类命运共同体的多重使命转变。

无疑，中国与一些传统大国在治世方向上存在着"堵"与"通"的较量、"融"与"离"的争扯，面临着引领与误导的分野，也存在带动和跟随的战略性选择。新时代的使命，在新阶段要有提升和创新开拓。中国外交发展到新阶段要对人类作出更大贡献，要深刻把握世界外交格局转变的目标方位和战略方向。中国外交要发挥建设性影响，应当注重三个新的着力点，在引领、带动和融通三个方面发挥突出的独特作用，以整体来统筹局部、以引领来提升影响力、以带动来扩大影响力、以融通来破解围堵。

二、中国特色大国外交的引领论

在博鳌亚洲论坛 2015 年年会上，习近平主席指出："中国将主动适应和引领经济发展新常态，坚持以提高经济发展质量和效益为中心。"[1] 在 2017 年瑞士达沃斯世界经济论坛的主旨演讲中，引领的含义进一步深化，习近平主席又指出："创新是引领发展的第一动力"，"我们将在创新、协调、绿色、开放、共享的

---

〔1〕 习近平：《迈向命运共同体 开创亚洲新未来——在博鳌亚洲论坛 2015 年年会上的主旨演讲》，载《人民日报》，2015 年 3 月 29 日，第 2 版。

发展理念指引下，不断适应、把握、引领中国经济发展新常态"。[1] 近年来，"引领"一词在中央文件报告中不断出现。那么，中国为什么要引领？应当如何进行引领？

（一）为什么要引领

引领是要解决好世界向何处去的问题，是发挥主动性、建设性、变革性、引导性的关键。俄罗斯人民友谊大学教授、东方学家尤里·塔夫罗夫斯基评论道："今年（2021年）是对中国党和国家都十分重要的阶段，中国消除了绝对贫困，全面建成小康社会，因此中国现在需要看得更远，无论是从意识形态还是解决实际问题的角度。"[2]

今天，我们所谈到的引领是双引领，不仅要引领中国外交航向，也要引领人类发展方向。而中国外交航向与人类发展方向也是一致的。以理念创新来推动引领，以实践来践行引领。

历史上，发展中国家对于人类历史前进发挥过引领作用。在历史上存在过民族自决运动和石油输出国组织反对西方能源垄断的运动。首先，中国的发展成就为中国发挥引领作用奠定了令人

〔1〕《共担时代责任,共促全球发展——在世界经济论坛2017年年会开幕式上的主旨演讲》,http://world.people.com.cn/n1/2017/0118/c1002-29031274.html。

〔2〕"Китай открыл грандиозный пленум Компартии: опередить США в 2049 году", https://www.mk.ru/politics/2021/11/08/kitay - otkryl - grandioznyy - plenum - kompartii-operedit-ssha-v-2049-godu.html.

信服的基础。中国在新冠肺炎疫情防控和经济复苏这两个方面树立了两面旗帜、两个标杆。科学社会主义走到今天，正在展现巨大的活力和创造力，而中国的成功实践正在证明科学社会主义的真理性和正确性。这也正是中国能够发挥引领示范作用的坚实底气。其次，"一带一路"倡议就是中国发挥引领作用的重要实践体现。中国不仅是"一带一路"的倡议者和重要设计者，也是参与者和实践者，更是积极的贡献者，通过"两条线"，带动了"一大片"。中国完全具备引领的资格。最后，引领与霸权毫无关涉。中国发挥引领作用，具体的体现就是发挥建设性影响，而这与统治或主导世界毫无关系。引领绝无强制性和独断性，也非居高临下地发号施令。它只是通过中国智慧和中国方案提供一种新的路径选择。

引领不是主导，而是引导方向或推介新的方向，纠正错误的方向。中国并非要在所有领域都能够引领，只需方向性的引领。引领是针对误导的。2017 年以后，美国等国在方向上更加变本加厉地逆时代潮流而动，开历史倒车，掀起"新冷战"，不断推动北约东扩，在印太地区拼凑新的联盟组合，搞反全球化和贸易保护主义。在这一背景下，中国更加坚定地成为和平道路的引领者、发展的引领者、多边机制的倡导者和均衡发展的推动者。引领体现在历史的方向性上，中国要做指路者和探路者。中国要号召世界上多数国家站在历史正确的一边。同时，引领体现为创新性和开创性，中国要做新领域、新方式的创造者。引领还体现为塑造性，中国是现有体制的变革性完善者。习近平外交思想强调：坚持以公平正义为理念引领全球治理体系改革。[1] 这具体体现为中国要在全球治理体系中注入新的理念和中国元素。习近平主席还特别指出："中国倡导的新机制新倡议，不是为了另起炉灶，更不是为了针对谁，而是对现有国际机制的有益补充和完善，目标是实现合作共赢、共同发展。中国对外开放，不是要一家唱独角戏，而是要欢迎各方共同参与；不是要谋求势力范围，而是要支持各国共同发展；不是要营造自己的后花园，而是要建设各国共享的百花园。"[2]

诚然，引领有一定限度，对于全球范围是方向引领，对象上则更多地还是引领新兴市场国家。引领包括方向上的指引，观念上的引导，做法上的引领。引领需要做好顶层设计，要有理念创新。引领不仅仅是一种主观意愿或社会需求，更是历史选择的必然和能力建设的需求。只有保持先进性才能够实现引领，只有不断创新理念才能够实现引领，只有能够不断提出新的符合时代发展需求和趋势的观念、方案、举措才能够实现引领。2021—2023年，习近平主席相继提出了全球发展倡议、全球安全倡议和全球文明倡议，这既是中国向国际社会提供的公共产品，也是对全球发展重要引领的体现。

---

〔1〕《中共十九届六中全会在京举行》，http://jhsjk. people. cn/article/32280226。

〔2〕 习近平：《论坚持推动构建人类命运共同体》，北京：中央文献出版社，2018 年版，第 366 页。

中国的大国外交具有鲜明的开创性观念、路径和成效。中国的大国外交将在理念创新和方式创新上进行前所未有的探索。

（二）如何进行引领

基辛格在其著作《世界秩序》中说："评判每一代人时，要看他们是否正视了人类社会最宏大和最重要的问题。"[1]世界陷入迷茫，旧有的发展模式出现困境，出现一系列全球治理赤字。有些国家搞国家至上、贸易保护主义、逆全球化或小集团至上，继续维持已经不合理的、以强凌弱的、把富裕建立于其他国家永远贫穷的基础之上的做法。合作还是对抗？开放还是封闭？共赢还是零和？这些问题不仅关乎各国利益，更关乎人类前途命运。

1. 方向引领

中国强调国际关系民主化、多极化、引领经济全球化、推动构建人类命运共同体，在诸多影响国际社会发展的领域都提出了中国的创新主张，其中有些是从没有被提过的，有些是被提过但在实践中未被正确执行的，比如多边主义。中国于2013年提出"一带一路"倡议，在同时期没有一个国家提出类似的具有国际影响的发展倡议，在提供中国智慧、中国方案方面，中国已经走在了前列，与此同时美国等国也开始在战略上陷于局部被动，对

---

〔1〕 亨利·基辛格著，胡利平等译：《世界秩序》，北京：中信出版社，2015年版，第491页。

中国提出的"一带一路"倡议进行抵制。中国提出的人类命运共同体理念，是中国对于人类发展目标和方向的一种设计，一种指引和引导。与此同时，我们也没有看到其他的大国提出类似的方向性和目标性的纲领。习近平外交思想"指引中国外交站在世界发展和人类进步的道义制高点上，同零和博弈、强权政治等陈旧思维形成鲜明对比"〔1〕。习近平外交思想所具备的先进性是引领的基本保障。

习近平总书记着眼中国人民和世界人民的共同利益，深入思考"建设一个什么样的世界、如何建设这个世界"等关乎人类前途命运的重大课题。〔2〕在人类合作发展趋势上，习近平总书记指出，世界多极化、经济全球化、国际关系民主化的大方向没有改变，要引导国际社会共同塑造更加公正合理的国际新秩序。〔3〕

坚持多边主义而非单边主义。各国主权范围内的事情只能由本国政府和人民去管，世界上的事情只能由各国政府和人民共同商量来办。这是处理国际事务的民主原则，国际社会应该共同遵守。〔4〕习近平总书记所强调的多边主义的要义是国际上的事由

---

〔1〕 中共中央宣传部、中华人民共和国外交部：《习近平外交思想学习纲要》，北京：人民出版社、学习出版社，2021 年版，第 9 页。

〔2〕 同〔1〕，第 48 页。

〔3〕 习近平：《习近平谈治国理政》（第二卷），北京：外文出版社，2017 年版，第 382 页。

〔4〕 习近平：《论坚持推动构建人类命运共同体》，北京：中央文献出版社，2018 年版，第 7 页。

大家共同商量着办，世界前途命运由各国共同掌握，要坚持通过制度和规则来协调规范各国关系，反对恃强凌弱，不能谁胳膊粗、拳头大，谁说了算；也不能以多边主义为名，行单边主义之实。

中国率先提出了国际关系民主化的主张。有些国家只是基于自身利益来分析和判断国际事务，以是否符合自身标准和利益来判断是非曲直，并以此制定对外政策，全然忽视多数国家尤其是发展中国家的利益诉求。他们希望世界永远由少数几个国家说了算，永远保持最有利于少数国家利益的体制。搞小集团、拉帮结派、搞富国俱乐部，这是不得人心的，也是不符合时代发展潮流的。当今时代，新兴市场国家对于世界经济和和平发展发挥着越来越大的作用，但是他们的话语权和议题设计权仍远远不足，与他们对世界的贡献是不相称的。因此只有国际关系民主化，有事大家商量，才能推动更加公平公正的发展。

努力捍卫公平正义。在联合国成立 75 周年纪念峰会上的讲话中，习近平主席的首项建议就是"主持公道"。大小国家相互尊重、一律平等是时代进步的要求，也是联合国宪章首要原则。任何国家都没有包揽国际事务、主宰他国命运、垄断发展优势的权力，更不能在世界上我行我素，搞霸权、霸凌、霸道。单边主义没有出路，要坚持共商共建共享，由各国共同维护普遍安全，共同分享发展成果，共同掌握世界命运。[1] 据此，中国主张推动全球范围内的各类区域和国家间合作。习近平主席强调："要推动南南合作和南北对话，增强发展中国家自主发展能力，推动发达国家承担更多责任，努力缩小南北差距，建立更加平等均衡的新型全球发展伙伴关系，夯实世界经济长期稳定发展基础。"[2]

中国对于完善全球经济治理提出了新主张。2016年9月3日，在二十国集团杭州峰会上，习近平主席对世界经济发展和全球经济治理提出了中国的见解。习近平主席指出，世界经济的目标应当是建立强劲、可持续、平衡、包容增长的世界经济和建设创新型、开放型、联动型和包容型的世界经济，并提出全球经济治理的重点，即公正高效的全球金融格局、开放透明的全球贸易与投资格局、绿色低碳的全球能源治理格局和包容联动的全球发展格局。为此，需要各国坚持开放的理念、政策和机制，坚持以合作为动力，共商规则、共建机制和共迎挑战，尤其要增加新兴市场国家和发展中国家代表性和发言权，确保各国在国际经济合作中权利平等、机会平等、规则平等。[3]

2021年9月22日，习近平主席在联合国大会一般性辩论上

---

〔1〕《习近平在联合国成立75周年纪念峰会上的讲话（全文）》，http://www. xinhuanet. com/2020-09/22/c_1126522721. htm。

〔2〕习近平：《论坚持推动构建人类命运共同体》，北京：中央文献出版社，2018年版，第132页。

〔3〕习近平：《论坚持推动构建人类命运共同体》，北京：中央文献出版社，2018年版，第372页。

提出全球发展倡议。该倡议着眼于"六个坚持"：一是坚持发展优先，二是坚持以人民为中心，三是坚持普惠包容，四是坚持创新驱动，五是坚持人与自然和谐共生，六是坚持行动导向。[1]全球发展倡议的引领意义是十分重大的，特别强调了几个重要的方向性指引，即以人为本、普惠包容、创新变革、和谐共生等。其中，在全球生物多样性治理方面所提出的制度建设是开创性的。全球生物多样性谈判进展缓慢，治理赤字明显，政策目标落实情况欠佳。因此，中国率先在"保护地球生态、保护生物多样性"领域提出治理理念和指导思想，不仅唤起了国际社会对全球生物多样性治理的关注，而且推动相关问题的解决。[2]

此外，中国秉持和平、主权、普惠、共治原则，推进深海、极地、外空、互联网等领域合作，把握安全治理的综合、合作与可持续。坚持反恐要标本兼治，反对双重标准。还在保障核能安全，加强环境治理等方面提出了系列主张，并努力与其他国家共同践行这些主张，达到知行合一。可以说，中国就全球治理的全方位、全领域都提出了中国特色的创新主张。

对于地区发展，中国也提出了方向性引领。中国一贯重视并积极参与亚太经合组织各领域合作，一直是亚太区域合作的参与

---

〔1〕《习近平出席第七十六届联合国大会一般性辩论并发表重要讲话》，http://www.gov.cn/xinwen/2021-09/22/content_5638596.htm？jump=true。

〔2〕习近平：《共同构建地球生命共同体——在〈生物多样性公约〉第十五次缔约方大会领导人峰会上的主旨讲话》，载《人民日报》，2021年10月13日，第2版。

者、推动者、引领者。中国领导人在出席和主持亚太经合组织领导人会议期间，倡导构建互信、包容、合作、共赢的亚太伙伴关系，引领打造发展创新、增长联动、利益融合的开放型亚太经济格局，推动实现共同发展、繁荣、进步的亚太梦想，坚定推进区域经济一体化和亚太自由贸易区建设，指明了未来亚太合作的方向与目标。

2. 观念引领

2013年3月，习近平主席在莫斯科国际关系学院首次提出"以合作共赢为核心的新型国际关系"的理念。继党的十八大提出"构建新型大国关系"的主张后，党的十九大又进一步提出了"推动建设相互尊重、公平正义、合作共赢的新型国际关系"的倡议。[1] 党的二十大强调，中国坚持在和平共处五项原则基础上同各国发展友好合作，推动构建新型国际关系。新型国际关系实现了对西方主导的国际关系模式的超越。[2]

在安全领域，习近平主席认为，安全应该是普遍的，各国在国际和地区安全事务上有平等参与的权利和共同承担的责任，要秉持共同、综合、合作、可持续安全的理念，尊重和保障每一个国家的安全。不能一个国家安全而其他国家不安全，一部分国家

---

〔1〕 习近平：《决胜全面建成小康社会夺取新时代中国特色社会主义伟大胜利》，北京：人民出版社，2017年版，第58页。

〔2〕 林利民：《推动构建新型国际关系》，载《解放军报》，2017年11月22日，第4版。

安全而另一部分国家不安全，更不能牺牲别国安全谋求自身所谓绝对安全；对待国家间存在的分歧和争端，要坚持通过对话协商以和平方式解决，以对话增互信，以对话解纷争，以对话促安全，不能动辄诉诸武力或以武力相威胁。[1] 在 2022 年博鳌亚洲论坛上，习近平主席向国际社会发起了全球安全倡议。[2]

中国提出的构建人类命运共同体的理念具有鲜明的理论创新色彩。这一理念强调世界的命运必须由各国人民共同掌握，各国应合力共抗时艰。2015 年 9 月 28 日，习近平主席在第七十届联合国大会一般性辩论会上提出构建人类命运共同体的理念。随后中国提出了中拉命运共同体、中非命运共同体、周边命运共同体、人类卫生健康共同体等主张。这些理念得到了越来越多国家的响应和接受。

践行正确义利观。党的十八大以来，我们提出践行正确义利观，推动构建以合作共赢为核心的新型国际关系，推动全球治理体系变革的理念，坚持要合作而不要对抗，要双赢、多赢、共赢而不要单赢，不断寻求最大公约数、扩大合作面，引导各方形成共识，加强协调合作，共同推动全球治理体系变革。[3] 这些理

---

〔1〕 习近平:《论坚持推动构建人类命运共同体》,北京:中央文献出版社,2018 年版,第 131 页。

〔2〕《习近平在博鳌亚洲论坛 2022 年年会开幕式上的主旨演讲(全文)》,新华社北京 2022 年 4 月 21 日电。

〔3〕 习近平:《论坚持推动构建人类命运共同体》,北京:中央文献出版社,2018 年版,第 385 页。

念得到国际社会广泛欢迎。

尊重文明多样性，包容互鉴。世界是多元的，各国的发展道路也是多元的，因此，不能只有一种声音。多样性是世界的基本特征，各国实行民主的形式各有千秋，关键要看是否符合本国国情，是否体现人民意志、维护人民利益、得到人民拥护，能否带来政治稳定、社会进步、人民福祉，能否真正促进和保护人权。不管国际格局如何变化，我们都要始终坚持平等民主、兼容并蓄，尊重各国自主选择社会制度和发展道路的权利，尊重文明多样性。

正如习近平主席所言："要提倡创新、协调、绿色、开放、共享的发展观，践行共同、综合、合作、可持续的安全观，秉持开放、融通、互利、共赢的合作观，树立平等、互鉴、对话、包容的文明观，坚持共商共建共享的全球治理观。"[1]

3. 方式引领

中国在引领方面不仅提出了应该怎么做的问题，还对理念如何落地进行了回答。

习近平主席系统地提出了打造人类命运共同体的具体途径：建立平等相待、互商互谅的伙伴关系；营造公道正义、共建共享的安全格局；谋求开放创新、包容互惠的发展前景；促进和而不

---

[1] 中共中央宣传部、中华人民共和国外交部：《习近平外交思想学习纲要》，北京：人民出版社、学习出版社，2021年版，第136页。

同、兼收并蓄的文明交流；构筑尊崇自然、绿色发展的生态体系。[1]

在推动"一带一路"建设的问题上，习近平主席提出了"五通"的建议，即努力实现政策沟通、设施联通、贸易畅通、资金融通、民心相通，打造国际合作新平台，增添共同发展新动力。[2]解决发展失衡、治理困境、数字鸿沟、分配差距等问题，必须建设开放、包容、普惠、平衡、共赢的经济全球化。[3]在2016年二十国集团杭州峰会上，中国还为摆脱全球经济困境开出一剂标本兼治、综合施策的药方，强调加强宏观经济政策协调、合力促进全球经济增长、共同维护金融稳定。通过创新、结构性改革、新工业革命、数字经济等新方式，为世界经济开辟新道路，拓展新边界。[4]还应不断完善国际货币金融体系，优化国际金融机构治理结构，充分发挥国际货币基金组织特别提款权作用。加强金融监管、国际税收、反腐败领域合作；推动贸易和投资自由化便利化。加强投资政策协调合作，采取切实行动促进贸易增长。落实联合国2030年可持续发展议程，促进包容性发展。

---

〔1〕习近平：《论坚持推动构建人类命运共同体》，北京：中央文献出版社，2018年版，第254—256页。

〔2〕中共中央宣传部、中华人民共和国外交部：《习近平外交思想学习纲要》，北京：人民出版社、学习出版社，2021年版，第93页。

〔3〕同〔1〕，第437页。

〔4〕同〔1〕，第379页。

实现共同发展是各国人民特别是发展中国家人民的普遍愿望。[1]

在如何引领经济全球化方面，习近平主席提出，一是坚持创新驱动，打造富有活力的增长模式。二是坚持协同联动，打造开放共赢的合作模式。三是坚持与时俱进，打造公正合理的治理模式。四是坚持公平包容，打造平衡普惠的发展模式。[2] 习近平主席强调，我们要积极引导经济全球化发展方向，着力解决公平公正问题，让经济全球化进程更有活力、更加包容、更可持续，增强广大民众参与感、获得感、幸福感。[3]

中国已经成为经济全球化的引领者和推动者。习近平主席还强调，我们要主动适应全球产业分工调整变化，积极引领全球价值链重塑，确立新定位，构筑新优势。支持多边贸易体制，坚持开放的区域主义，帮助发展中成员更多从国际贸易和投资中受益。[4]

总之，引领是尊重多边主义框架下的引领。引领不是中国一国引领，而是合作引领，比如在二十国集团、金砖国家，或亚太经合组织等机制平台共同发挥引领作用。开放合作、创新发展是

---

〔1〕 习近平：《论坚持推动构建人类命运共同体》，北京：中央文献出版社，2018年版，第380页。

〔2〕《习近平主席在世界经济论坛2017年年会开幕式上的主旨演讲（全文）》，http://www.xinhuanet.com/politics/2017-01/18/c_1120331545.htm。

〔3〕 同〔1〕，第393页。

〔4〕 习近平：《同舟共济创造美好未来——在亚太经合组织工商领导人峰会上的主旨演讲》，载《人民日报》，2018年11月18日，第2版。

引领世界经济持续发展的必然选择。积极参与引领全球治理体系改革，打造更加完善的全球伙伴关系网络。

三、中国特色大国外交的带动论

中国是一个有世界影响的大国。中国经济对全球经济的贡献率已经达到30%。中国变量已经成为影响国际关系发展的重要因素。大国要有大国的样子，[1] 不仅要行正言端，而且要有担当，要发挥示范带动作用。大国要考虑全球事务，不能只考虑一国利益，搞一国利益至上。在人类社会贫富分化日益严重，一些大国强调唯我独尊的情况下，中国作为大国在人类共同富裕、均衡发展方面要发挥特殊带动作用。

（一）为什么要发挥带动作用

中国发挥带动作用，基于三点原因：首先，中国主张均衡发展，主张一个国家的发展不能建立于其他国家不发展的基础上，一个国家的富裕不能建立于听任其他国家贫穷的基础上。实现世界均衡发展，不可能建立在一批国家越来越富裕、另一批国家长期贫穷落后的基础之上。从推动构建人类命运共同体的战略高度看，南北关系不仅是一个经济发展问题，而且是一个事关世界和

---

〔1〕　习近平：《同舟共济克时艰，命运与共创未来——在博鳌亚洲论坛2021年年会开幕式上的视频主旨演讲》，载《人民日报》，2021年4月20日，第2版。

平稳定的全局性问题。[1]

其次，中国是发展中国家，与其他国家一道面临共同发展的使命，同样要消除绝对贫困，要在发展中相互搭车、彼此成就。发展中国家与中国在市场和发展阶段更有相似性，更适于中国与之合作发展，他们也需要中国。中国经历了第一阶段向发达国家开放，现在应更加面向发展中国家开放，这一轮开放不像第一轮是"请进来"，而更多是"走出去"。未来中国第三轮开放更需要实现"走出去""请进来"的平衡发展，实现发展中国家与发达国家相互促进。由不对称的"请进来"到对称性内引外联。

再次，中国是发展中大国，要发挥大国的带头作用和示范作用。大国是具有组织性和带动性的。中国特色大国外交要带动发展中国家共同发展。这种带动作用有利于形成良好的国际外部环境，有利于形成一种不以消灭某一方为目的，而以形成更加符合历史大势的趋势为目的的整体态势。通过对势的引导推动和塑造，带来整体的变化，并适应形势使自身处于更加有利的态势中。注重通过顺势而为、因势利导带来整体的变化。势成则事成。要紧抓经济全球化的大势、紧抓科技革命的大势、紧抓国际关系民主化的人心向背的大势，从而形成大势所趋的局面。

---

〔1〕 习近平:《论坚持推动构建人类命运共同体》,北京:中央文献出版社,2018 年版,第 220 页。

（二）如何发挥带动作用

全球化、多边主义、全球治理与国际秩序都是中国发挥带动作用的平台。均衡发展、强调平等性、提升公平性、捍卫公正性都是中国发挥带动影响的理念。

在新的时期，中国不仅要实现中国自身发展，同时也要带动更多国家，欢迎更多国家搭中国的"便车"和"快车"。既要把世界的机遇变成中国的机遇，也要把中国的机遇变成世界的机遇。要让更多贫困的国家都能够发展起来，实现更加均衡公正的发展。也惟有如此，才能实现中国自身的可持续发展。

中国的带动作用还具体体现在全球减贫事业上。同时，中国的带动作用既有基础设施建设又有创新性发展、比如数字经济、绿色经济、科技前沿创新等。

带动包括战略规划、组织策划议题，也包括力所能及提供公共商品。实践中实施、分享经验和技术，推进强化前沿领域合作，推进处于落后发展阶段的国家发展。中国在带动发展中国家发展的过程中，着力推动南南合作，促进共同发展。尤其是强调增强发展中国家自主发展能力，也就是落实"授人以渔"而不仅仅是"授人以鱼"的理念。推动发达国家承担更多责任，努力缩小南北差距，建立更加平等均衡的新型全球发展伙伴关系。[1]

---

〔1〕 习近平：《论坚持推动构建人类命运共同体》，北京：中央文献出版社，2018 年版，第 132 页。

力所能及地向广大发展中国家提供真诚无私的援助，给予大量物质支持、技术支持、人员支持、智力支持，[1] 帮助发展中国家实现经济独立自主和多元化发展。

在国际多边平台，中国发挥的带动作用也十分明显。中国推动将发展问题置于全球宏观政策框架的核心位置，推动制定和落实联合国千年发展目标、联合国 2030 年可持续发展议程，为促进共同发展发挥了突出作用。中国推动创设亚洲基础设施投资银行、新开发银行，设立丝路基金、中国-联合国和平与发展基金、南南合作援助基金、中国气候变化南南合作基金，努力提升新兴市场国家和发展中国家在国际事务中的代表性和发言权。[2]

中国在共同繁荣方面发挥了带头作用，体现出卓越的国际组织能力和动员能力。这在"一带一路"倡议的推广和实施中得到充分体现。

"一带一路"倡议的初衷就在于促进协调联动发展，实现共同繁荣。中国以身作则，践行和平发展理念、走和平发展道路，起到了示范作用。中国将自身发展经验和机遇同世界各国分享，欢迎各国搭乘中国发展"顺风车"，对合作发展起到了带头作用。中国还以自身经济稳健发展带动地区繁荣，促进世界经济复苏。

---

〔1〕《中国共产党百年奋斗对人类进步事业作出卓越贡献》，http://dangshi.people.com.cn/n1/2022/0329/c436975-32386522.html。

〔2〕 中共中央宣传部、中华人民共和国外交部：《习近平外交思想学习纲要》，北京：人民出版社、学习出版社，2021 年版，第 114 页。

作为人口最多的发展中国家，中国保持经济平稳健康发展，有力带动了亚太和全球经济增长。国际金融危机爆发后的几年间，中国为全球经济贡献了接近40%的增量，对世界经济复苏起到重要支撑作用。[1]

中国在谋求自身发展的同时积极带动亚太国家共同发展。特别注重以自身发展带动他人发展，以协调联动最大限度发挥各自优势，传导正能量，形成各经济体良性互动、协调发展的格局。[2]中国注重对发展中国家的资金和技术支持，强调发挥不同地区经济体多样性突出的特点，优势互补，多元互动，互利共赢。

在发挥外交引导带动作用精神的指导下，中国经济外交形成了相互配合的局面，也探索了许多具体有效的方式，比如聚焦龙头项目，加强互联互通。发挥皎漂项目对中缅经济走廊的示范带动作用；以中巴经济走廊建设为中心，瓜达尔港、能源、基础设施建设、产业合作为四大重点，形成"1+4"合作布局，带动巴基斯坦各地区发展；抓住共建"一带一路"和"两廊一圈"对接主线，大力推进基础设施建设、产能、跨境经济合作区等重点领域合作；提升联通水平，带动澜湄次区域协同发展；在亚太经合组织层面，推动太平洋两岸互联互通建设彼此对接，在更广范围

---

〔1〕　习近平：《论坚持推动构建人类命运共同体》，北京：中央文献出版社，2018年版，第395页。

〔2〕　同〔1〕，第62—63页。

内辐射和带动实体经济发展。[1] 在能源领域，推动科技创新，带动能源革命、消费革命，推动亚太地区在全球率先实现能源新技术革命等等。

中国政府不仅在带动作用框架下发挥规划作用，而且有扎实可行的实践探索。提出了帮助发展中国家发展经济、改善民生的一系列新举措：设立南南合作援助基金，支持发展中国家落实2015 年后发展议程；增加对最不发达国家投资；免除对有关最不发达国家、内陆发展中国家、小岛屿发展中国家政府间无息贷款债务等等。[2]

在全球减贫事业上，中国所发挥的作用也是有目共睹的。中国在致力于消除自身贫困的同时，始终积极开展南南合作，力所能及向其他发展中国家提供不附加任何政治条件的援助，支持和帮助广大发展中国家特别是最不发达国家消除贫困。截至 2015年，中国共向 166 个国家和国际组织提供了近 4000 亿元人民币援助，派遣 60 多万名援助人员。中国先后 7 次宣布无条件免除重债穷国和最不发达国家对华到期政府无息贷款债务。中国积极向亚洲、非洲、拉丁美洲和加勒比地区、大洋洲的 69 个国家提供医

---

〔1〕 习近平：《论坚持推动构建人类命运共同体》，北京：中央文献出版社，2018 年版，第 393 页。

〔2〕 同〔1〕，第 268 页。

疗援助，先后为 120 多个发展中国家落实千年发展目标提供帮助。[1]

中国在推动和带动群体性崛起方面发挥了突出作用。首先，通过务实高效的对外援助带动更多国家发展。中国的对外投资和产能与基础设施建设合作，带动了有关国家工业化进程，促进了当地民生改善和经济社会发展。[2] 中国促成的中非合作论坛已经成为引领中非合作的一面旗帜，为南南合作树立了典范。中非合作带动提升了非洲国际地位，并成为带动国际社会加大对非洲关注和投入的先锋。中国还强调通过推动金砖国家在经济总量、对外贸易、国际投资等方面占全球比重，带动全球范围内的强劲、可持续、平衡增长。[3]

其次，坚持协同联动，打造开放共赢的合作格局。新兴市场国家和发展中国家对全球经济增长的贡献率已经达到 80%。但贸易和投资规则未能跟上新形势，机制封闭化、规则碎片化问题十分突出。因此各国都应通过国内外经济联动，扩大开放，带动全球产业链、供应链发展。通过产业链等带动生产要素全球流动。中国发挥共建"一带一路"的引领带动作用，带动各国经济更加

---

〔1〕 习近平：《论坚持推动构建人类命运共同体》，北京：中央文献出版社，2018 年版，第 267 页。

〔2〕 《习近平会见"2018 从都国际论坛"外方嘉宾》，http://www.xinhuanet.com/politics/leaders/2018-12/12/c_1123844157.htm。

〔3〕 同〔1〕，第 142—143 页。

紧密结合起来，推动各国基础设施建设和体制机制创新，创造新的经济和就业增长点，增强各国经济内生动力和抗风险能力。[1]在亚太经合组织领导人非正式会议上，习近平主席强调要培育带动区域发展的开放高地。牢固树立亚太命运共同体意识，以自身发展带动他人发展，以协调联动最大限度发挥各自优势，传导正能量，形成各经济体良性互动、协调发展的格局。[2]

总之，在带动的问题上，中国不仅说到而且做到，发挥了突出作用；最为重要的是通过自身发展带动发展中国家发展，同时注重推动国际体制向着更加开放的态势发展，推动国际体制向发展中国家提供更多公平公正的机会。同时，中国比较好地发挥了组织规划和带头作用，在理念和举措等方面做到了务实有力。

四、中国特色大国外交的融通论

开放融通是大势所趋。当今世界正处在一个大发展大变革大调整时代，各国之间的联系空前紧密。网络化时代正在打破有形空间与无形空间的界线，元宇宙概念的出现正是空间形态融合的反映。网络具有极强的联系性，改变了地理对于时空的阻隔，也改变了传统地缘政治的联系方式。网络化社会的同步性也扩展了

---

〔1〕 习近平：《习近平谈"一带一路"》，北京：中央文献出版社，2018年版，第35页。

〔2〕 习近平：《论坚持推动构建人类命运共同体》，北京：中央文献出版社，2018年版，第62—63页。

传统空间，网络空间的运用将决定未来数字经济、贸易发展、地缘经济发展的形态。在此背景下，世界更需要开放融通。

（一）为什么要强调开放融通

习近平主席指出："面对世界多极化、经济全球化、文化多样化、社会信息化的时代潮流，任何国家都不能关起门来搞建设。封闭没有出路，开放才能发展。"[1]　"人为'筑墙'、'脱钩'违背经济规律和市场规则，损人不利己。"[2] 新兴市场国家与传统发达国家在"通"与"堵"的问题上形成了鲜明的政策分野。经济全球化是"通"，改革开放是"通"，海纳百川也是"通"；贸易保护主义是"堵"，封锁制裁是"堵"，单边主义是"堵"，联盟政治更是"堵"，是以部分国家的勾结来造成全球范围的堵塞。

中医强调，人体健康须"通"而不能"堵"，淤堵则引发问题。国际关系中很多问题也是因为"堵"造成的，而"通"则是解决困境的关键因素。联通的核心是"通"，只有"通"才能"联"，形成"一通百通，四面开花"的局面。既"联"又"通"，联线成片，终可成势。中医不仅强调疏通郁结，而且通过系统思

〔1〕　习近平：《论坚持推动构建人类命运共同体》，北京：中央文献出版社，2018 年版，第 166—167 页。

〔2〕　习近平：《同舟共济克时艰，命运与共创未来——在博鳌亚洲论坛 2021 年年会开幕式上的视频主旨演讲》，载《人民日报》，2021 年 4 月 20 日，第 2 版。

维，通过经络中的联通效应，打通另一处关节点，解除此处郁结。

联通不仅是沟通与合作，更是一种联接和传递，其意义远远超越传统意义的交流，而且可以避免自身力量过度伸延的风险。联通体现了非排他性。这种明智开放、磊落透明有助于国家形象和国际战略的推进。正大光明而非暗藏杀机恰是中国式联通思想的最具魅力之处，其展现的格局与境界高于历史上的传统强国。

"联"是网络，既是线上的，也是面上的。网络使得国家战略的空间感和覆盖面大大扩展，而又具有非主导性，影响力扩大并不必然带来主导权的扩大。通过联系而不是联盟来扩大影响力和合作面，不会导致权力政治逻辑中所强调的联盟合力的阻碍。传统上，一个国家不断扩大影响力达到一定程度后，其他国家会有一种结成联盟对其进行抵制的政治趋向。网络所形成的系统对于各国都具有制约性，而无一国可以超脱其外，这就避免了一家超大。

联通还是中国群体性崛起理念的重要体现。中国的发展不是一枝独秀，一国独大，而是谋求与发展中国家、新兴市场国家一起发展。这就需要有一种充分而深度的联合方式。这种方式并不是几个大国之间的妥协、托管或禅让，而是共同致力于发展的目标，在联合与共享中实现自身繁荣。这其中没有交易的成分，而只是合作的延伸和深化。联合与联系的方式不是谋求独占和单赢，而是分步骤的、阶段性的，是需要积累效应的，因而更加可控。

更进一步，不仅要"通"，而且要"融"。融通是更高境界，融通体现了世界整体观，是推动构建人类命运共同体的关键所在，要逐步超越意识形态和社会制度差异，从相互封闭到开放包容，从猜忌隔阂到日益增多的互信认同，越来越成为你中有我、我中有你的命运共同体。[1] 融通所形成的深度沟通与嵌合，也奠定了可持续发展的基础。世界是平的、也是通的，全球产业链供应链必须是连接的整体。中断全球产业链，是不符合市场规律的。

（二）如何实现融通

融通有三个层次。首先是打通：超越传统地缘阻隔，克服地缘、制度和人为因素的阻碍。其次是联通：形成有机、有效的叠加效应，形成贯通效应。联通的目的是共建共享，不联通无以共享。联通不是合并，而是保持自我，互利共赢，差异共存。联通符合经济全球化的潮流，更是数字经济时代的必然之选。联通是中国特色大国外交的重要特色。联通战略建立在世界普遍联系的基础之上，也包括内政与外交的联系。世界联系如此紧密，相互依存是难以割舍的现实，也给各国带来共赢的机遇。在系统层面

---

〔1〕　习近平：《论坚持推动构建人类命运共同体》，北京：中央文献出版社，2018 年版，第 205 页。

大变局：中国外交战略选择

还可以形成堤内损失堤外补、东方不亮西方亮的循环互补效应。最后是融通：形成你中有我、我中有你的发展格局。融通是一种需要不断变革完善的包容并蓄。正如习近平主席所言："要不断完善融通格局，为未来更高水平的联动发展打好基础。"〔1〕

融通可以理解为互联互通。互联互通是开放战略的最为直观的体现。第二次世界大战结束后，全球有 13 个经济体实现 25 年多的高速增长，其共同特征就是采取开放政策。我们要顺应时代潮流，维护自由、开放、非歧视的多边贸易体制，反对各种形式的保护主义。〔2〕打造开放型合作平台，其关键在于促进生产要素有序流动、资源高效配置、市场深度融合。〔3〕

互联互通可以开辟新的增长点。中方在主办亚太经合组织领导人非正式会议期间，将互联互通作为核心议题之一，目的就是开辟新的增长点。互联互通是释放发展潜力的重要手段，也是实现联动发展的基础前提。我们要推动建立覆盖整个亚太的全方位、复合型互联互通网络。〔4〕要通过互联互通对接各国发展战略和规划，找准优先领域和项目。要通过互联互通，实现各区域、各国生产要素互通有无、产业产能优势互补、发展经验互学

----

〔1〕《习近平在中国–中东欧国家领导人峰会上的主旨讲话（全文）》，新华社北京2021 年 2 月 9 日电。

〔2〕习近平：《论坚持推动构建人类命运共同体》，北京：中央文献出版社，2018 年版，第 62 页。

〔3〕同〔2〕，第 437 页。

〔4〕同〔2〕，第 393 页。

互鉴。要优化亚太供应链、产业链、价值链，形成亚太规模经济效应和联动效应，实现亚太经济整体振兴。[1]

　　互联互通有利于形成区域大合作局面，以点带面，从线到片，逐步形成区域大合作。[2]亚洲国家必须积极作为，在亚洲资源、亚洲制造、亚洲储蓄、亚洲工厂的基础上，致力于发展亚洲价值、亚洲创造、亚洲投资、亚洲市场，联手培育新的经济增长点和竞争优势。实现这些目标，互联互通是其中一个关键。

　　习近平主席也在金砖国家发展远景上强调流通与联通，提出金砖国家要朝着一体化大市场、多层次大流通、陆海空大联通、文化大交流的目标迈进。[3]习近平主席还特别强调联通对于世界经济发展的意义："我们要下大气力发展全球互联互通，让世界各国实现联动增长，走向共同繁荣。"[4]"我们要推动贸易和投资自由化便利化，维护以世界贸易组织为核心的多边贸易体制。我们要拆墙而不要筑墙，要开放而不要隔绝，要融合而不要脱钩，引导经济全球化朝着更加开放、包容、普惠、平衡、共赢的方向发展。"[5]

---

　　[1] 习近平：《论坚持推动构建人类命运共同体》，北京：中央文献出版社，2018年版，第284页。

　　[2] 同[1]，第45页。

　　[3] 同[1]，第24页。

　　[4] 同[1]，第406页。

　　[5] 习近平：《团结合作抗疫　引领经济复苏——在亚太经合组织领导人非正式会议上的讲话》，载《人民日报》，2021年7月17日，第2版。

显然，"一带一路"倡议就是互联互通的最为典型的具体诠释。共建"一带一路"，关键是互联互通。如果将"一带一路"比喻为腾飞的两只翅膀，那么互联互通就是"一带一路"这两只翅膀的血脉经络。[1]"一带一路"倡议的目的就是要精心勾画全方位互联互通蓝图。

基础设施是互联互通的基石，也是许多国家发展面临的瓶颈。建设高质量、可持续、抗风险、价格合理、包容可及的基础设施，有利于各国充分发挥资源禀赋，更好融入全球供应链、产业链、价值链。构建以新亚欧大陆桥等经济走廊为引领，以中欧班列、陆海新通道等大通道和信息高速路为骨架，以铁路、港口、管网等为依托的互联互通网络，实现联动发展。商品、资金、技术、人员流通，可以为经济增长提供强劲动力和广阔空间。[2]

政策联通的作用不可忽视。习近平主席特别强调基础设施联通与政策沟通并举，加强基础设施"硬联通"以及规则标准"软联通"，[3] 以"硬联通"为方向，以"软联通"为支撑，以"心联通"为纽带。[4]

---

〔1〕 中共中央宣传部、中华人民共和国外交部编《习近平外交思想学习纲要》，北京：人民出版社、学习出版社，2021年版，第97页。

〔2〕 同〔1〕，第98页。

〔3〕 习近平：《同舟共济克时艰 命运与共创未来——在博鳌亚洲论坛2021年年会开幕式上的视频主旨演讲》，载《人民日报》，2021年4月20日，第2版。

〔4〕 《王毅国务委员在2021年度"一带一路"国际合作高峰论坛咨询委员会会议上的致辞》，https://www.mfa.gov.cn/web/ziliao_674904/zyjh_674906/202112/t20211218_10471342.shtml。

资金融通中的融资瓶颈是实现互联互通的突出挑战。中国同"一带一路"建设参与国和组织开展了多种形式的金融合作。这些新型金融机制同世界银行等传统多边金融机构各有侧重、互为补充，形成层次清晰、初具规模的"一带一路"金融合作网络。

民心相通则是保持合作可持续的长远之举。人是文明交流互鉴最好的载体。深化人文交流互鉴是消除隔阂和误解、促进民心相知相通的重要途径。这些年来，中国同各国一道，在教育、文化、体育、卫生等领域搭建了众多合作平台，开辟了广泛合作渠道。[1]

中国提出的"一带一路"倡议正与俄罗斯提出的欧亚经济联盟、东盟提出的互联互通总体规划、哈萨克斯坦提出的"光明之路"、土耳其提出的"中间走廊"、蒙古提出的"发展之路"、越南提出的"两廊一圈"、英国提出的"英格兰北方经济中心"、波兰提出的"琥珀之路"等实现对接。各方通过政策对接，实现了"一加一大于二"的效果。[2]

近年来，"一带一路"国际互联互通水平持续提升。目前，"六廊六路多国多港"架构基本形成，一大批合作项目落地生根，基础设施联通不断深化。经过多年努力，我国与共建"一带一

---

〔1〕 习近平：《深化文明交流互鉴 共建亚洲命运共同体——在亚洲文明对话大会开幕式上的主旨演讲》，载《光明日报》，2019 年 5 月 16 日，第 2 版。

〔2〕 习近平：《论坚持推动构建人类命运共同体》，北京：中央文献出版社，2018 年版，第 433 页。

路"国家的交通合作制度更加健全，规则逐步连通，以此为依托，"一带一路"建设长期稳定推进可期。[1]

五、结语

中国特色社会主义进入新时代，中国特色大国外交也进入新的历史征程。中国外交的新型历史使命应当注重三个新的着力点，在引领、带动和融通三个方面发挥独特作用：

以引领来提升影响力。以理念创新来推动引领，以实践创新来践行引领。指引新方向，就全球治理的全方位、全领域提出中国特色的创新主张；倡导新观念，倡导新型国际关系，推动构建人类命运共同体，践行正确义利观，尊重文明多样性；创造新方式，在打造人类命运共同体、推动共建"一带一路"和引领经济全球化方面提出具体措施。在多边主义机制下积极参与引领全球治理体系改革，打造更加完善的全球伙伴关系网络。

以带动来扩大影响力。中国在谋求自身发展的同时积极带动亚太国家共同发展。注重对发展中国家的资金和技术支持，强调发挥不同地区经济体多样性的突出特点，优势互补，多元互动，互利共赢。在带动发展中国家共同发展的问题上，中国不仅说到而且做到，发挥了突出作用。最为重要的是通过自身发展带动发

---

〔1〕《聚焦｜"一带一路"八周年,互联互通取得哪些进展?》,http://kz. mofcom. gov. cn/article/jmxw/202109/20210903200932. shtml。

展中国家发展，同时注重推动国际体制向着更加开放的态势发展，推动国际体制向发展中国家提供更多公平公正的机会。

以融通来破解围堵。开放融通是大势所趋，当今世界正处在一个大发展大变革大调整时代，各国之间的联系空前紧密。首先要打通传统地缘阻隔，克服地缘、制度和人为因素的阻碍。其次要形成有机、有效的叠加效应。最后要形成你中有我、我中有你的格局。互联互通可以开辟新的增长点，有利于形成区域大合作局面，引导经济全球化朝着更加开放、包容、普惠、平衡、共赢的方向发展。"一带一路"倡议就是互联互通的最为典型的具体诠释。

实现互联互通必须具有包容心态，开放包容是中国特色的大国气度也是雄心所在。中国先哲老子讲："大邦者下流。"就是说，大国要像居于江河下游那样，拥有容纳天下百川的胸怀。中国愿意以开放包容的心态加强同外界对话和沟通，虚心倾听世界的声音。我们期待时间能够消除各种偏见和误解，也期待外界能够更多以客观、历史、多维的眼光观察中国，真正认识一个全面、真实、立体的中国。[1]

开放是当代中国的鲜明标识。中国加入世界贸易组织20多年来，全面履行入世承诺，中国关税总水平由15.3%降至7.4%，低于9.8%的入世承诺；中国中央政府清理法律法规2300多件，

---

[1]　习近平:《论坚持推动构建人类命运共同体》,北京:中央文献出版社,2018年版,第92页。

地方政府清理 19 万多件，激发了市场和社会活力。新冠肺炎疫情发生以来，中国向国际社会提供了约 3500 亿只口罩、超过 40 亿件防护服、超过 60 亿人份检测试剂、超过 16 亿剂疫苗，积极推动国际抗疫合作，支持向发展中国家豁免疫苗知识产权，用实际行动践行承诺、展现担当。[1]

入世 20 多年来，中国经济总量从世界第六位上升到第二位，货物贸易从世界第六位上升到第一位，服务贸易从世界第十一位上升到第二位，利用外资稳居发展中国家首位，对外直接投资从世界第二十六位上升到第一位。[2] 中国通过与世界各国的合作和自身发展努力，激活了世界经济的一池春水，带动了人类整体的进步。

中国将与其他国家一道协商沟通，共同探索国家相处之道和人类发展之道，强化组织带动能力，共克时艰；弘扬中华传统智慧，在联接与融通领域做好文章，推进国际社会的均衡、普惠、安全、务实、高效合作，推动构建人类命运共同体。

---

〔1〕 习近平：《让开放的春风温暖世界——在第四届中国国际进口博览会开幕式上的主旨演讲》，载《人民日报》，2021 年 11 月 5 日，第 2 版。
〔2〕 同〔1〕。